KB172730

머리가 아플 때 보는책

김영진 엮음

지 성 문 화 사

시작하면서

　「머리가 아플 때, 화가 날 때 ,짜증 날 때 보는 책」에 대한
독자 여러분의 뜨거운 호응에 힘입어 이 책자를 계속해서
발행하게 되었다.

　변함없는 취업난과 입시지옥, 중동 전쟁에 대한 공포, 카드빚
걱정등, 세상에는 신경쓰게 만들지 않는 것들이 하나도 없는
것처럼 느껴질 정도다. 그리고 우리를 지치게 만든다.

　하지만 지치면 안 된다.

　사회에서의 낙오자가 되지 않으려면 재빨리 누적된 피로움을
털어내고 활기를 되찾아야 한다. 그리고 그러기 위해서는 우선
웃어야 한다.

　이 책은 말하자면 피로를 풀어주는 약인 셈이다.

　이 책에는 여러분의 얼굴을 환하게 만들어 줄 수 있는
기발하고도 재미있는 내용의 유머들이 있다. 그리고 배꼽을 잡고
웃게 만드는 해외만화들도 있다.

　아무쪼록 이 책을 읽으며 지친 몸과 마음을 추스른 뒤에 하던
일에 정진하시기 바란다. 그리고 이 나라를 좀 더 살기 좋고
건전한 나라로 만드는 일에도 동참하시기 바란다.

　　　　　　　　　　　　　　　　　　　　엮은이

📖 차 례

The worlds oldest remote control

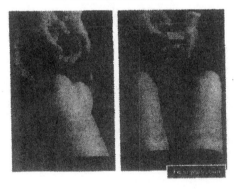

1.
인터넷 유머

시다바리 대 씨받이

영화 〈친구〉를 본 맹구는 장동건의 "내가 니 시다바리가?"라는 대사에 감동했다.

하루는 맹구가 친구 영구와 싸우게 됐다.

맹구는 장동건처럼 하기 위해 잔뜩 폼을 잡고 대사를 말하려는데 생각이 나지 않았다.

잠시 생각을 하던 맹구가 소리쳤다.

"내가 니 시……시……시……씨받이가?"

신혼 때의 일주일

· 월요일 : 월(원)래 하는 날.
· 화요일 : 화려하게 한번 하는 날.
· 수요일 : 수수하게 하는 날.
· 목요일 : 목숨 걸고 여러 번 하는 날.
· 금요일 : 금방하고 또 하는 날.
· 토요일 : 톡톡 튀게 하고 또 하는 날.
· 일요일 : 일주일 실적을 점검하고 못한 횟수 채우는 날.

권태기 때의 일주일

· 일요일 : 월(원)래 안 하는 날.

· 화요일 : 화를 내 안하는 분위기를 만드는 날.
· 수요일 : 수요일은 야근하는 날.
· 목요일 : 목에 칼이 들어와도 그냥 자는 날.
· 금요일 : 금방 잠든 척하고 안하는 날.
· 토요일 : 토라진 마누라 무서워서 늦게 들어가는 날.
· 일요일 : 일주일을 정리하고 한번이라도 했으면 큰 소리 치는 날.

커피도 가지고 가야지

한 비행기 기장이 착륙에 앞서 안내 방송을 하고 마이크 전원을 끄는 것을 깜빡 잊은 채 부기장에게 말했다.

"이제 다 끝났군. 이봐, 지금 자네에게 필요한 것이 뭔가?"

부기장이 대답했다.

"저는 편히 쉬고 싶습니다. 기장님은요?"

"나? 내게 지금 필요한 것은 사랑을 나눌 여자와 커피 한잔이지."

기장의 목소리는 기내에 그대로 전해졌다.

남자 승객들은 킬킬거리며 웃었고, 여자 승객들은 스튜어디스에게 항의했다.

한 스튜어디스가 조종석으로 황급히 뛰어가자 짓궂은 남자 승객이 소리쳤다.

"아가씨, 커피도 가지고 가야지!"

벗고 오세요

몹시 추운 날 목욕탕에 갔다 온 영자는 수건이 빳빳하게 얼어 단단해진 것을 발견했다. 영자는 자고 있던 남편을 얼른 깨워 목욕탕에 보내며 한 마디 했다.

"여보, 돌아올 때 바지는 꼭 벗고 오세요."

저녁식사 때 아내가 음흉한 눈길을 보내면?

· 20대 남편 : 눈길을 받자마자 아내와 그 자리에서 사랑을 나눈다.
· 30대 남편 : "밥 먹고 나서"라고 말한다.
· 40대 남편 : 밥상만 쳐다보면서 "밥이나 먹어"라고 말한다.
· 50대 남편 : "왜 그래? 밥맛 떨어지게"라고 말한다.

진작에 쓸 것을

총으로 아내를 쏜 한 남자가 법정에서 검사의 심문을 받았다.

"집에 돌아오니 부인이 다른 남자와 침대에 누워 있었나요?"

"네."

"그래서 총을 꺼내 부인을 쐈나요?"

"네."

"왜 남자는 쏘지 않았나요?"

남자는 잠시 뜸을 들이더니 대답했다.

"매일 남자를 쏘는 것이 지겨워져서요. 마누라 하나만 없애면 되는 것을……. 그 동안 왜 그런 생각을 못했는지 몰라!"

60분간의 자유

영호가 아내의 생일 선물로 무엇을 할까 고민했다.

친구인 경철이가 말했다.

"좋은 방법을 가르쳐줄까?"

"어떻게?"

"집사람이 원할 때 언제든지 60분 동안 멋진 사랑을 나눌 수 있게 해 주겠다고 약속해 봐. 우리 마누라는 정말 좋아하더라고."

영호는 고맙다고 하고 집으로 돌아갔다.

다음 날 두 사람은 다시 만났다.

경철이가 물었다.

"어때, 내 말대로 하니까 효과가 있지?"

영호가 한숨을 쉬더니 대답했다.

"집사람이 내게 키스를 하며 좋아하기는 했는데 바로 밖으로 나가면서 '1시간 후에 들어올게요'라고 말하더군."

솔로의 기도

올해 크리스마스에는 매우 춥게 하소서. 너무 추워 세상은 모든 연인들이 절대 밖에 돌아다니지 못하게 하소서. 추워도 옷을 껴입고 나오는 연인들이 있을지 모르니 지하철·버스·택시 모두 다 파업하게 하소서. 오지도 가지도 못하게 하소서.

서로 연락하려는 연인들이 있을지 모르니 휴대전화·집전화 모두 다 불통되게 하소서. 5,000원짜리 커피 한 잔이 50만원이 되게 하소서.

오후 7시부터는 교회를 제외한 서울 시내 전 지역이 정전되게 하소서. 카페·술집·나이트클럽·음식점·극장 등 모두 다 컴컴하게 하소서. 그래도 만나는 커플이 있다면 사소한 것으로 싸우게 하소서. 빨랑빨랑 집에 들어가게 하소서.

올해 크리스마스에는 절대로 눈 내리지 마소서. 낮에 TV에서 아주 재미있는 것만 하게 하소서. 매년 크리스마스 때 했던 것을 또 하지 않게 하소서.

아주 졸리게 하소서. 24일 아침에 스르륵 잠들어 크리스마스 때 이 꼴 저 꼴 보지 않고 26일 때까지 쿨쿨 자게 하소서.

내년에는 부디 이런 기도하지 않게 하소서.

휴대전화 엽기 메시지

군대에서 휴가나 온 영식이는 집에 연락을 하려고 옆에 있는 한 아가씨에게 휴대전화를 빌렸다. 전화를 걸려다 휴대전화 초기 화면에 적혀 있는 메시지를 본 영식이는 저절로 웃음이 나왔다.

"# # # 오빠 살살 눌러. 아파, 아……아……# # #"

산모의 비애

어느 산부인과에 산통을 느낀 산모가 급하게 들어오다가 그만 엘리베이터 안에서 출산을 하고 말았다.

산모는 많은 사람들 앞에서 출산을 한 것이 너무나 창피스러워 고개를 들지 못했다.

이에 간호사가 산모에게 위로의 말을 했다.

간호사 : 너무 창피하게 생각마세요. 저는 이 병원에 근무하면서 오늘보다도 더 황당한 것도 많이 보았는걸요. 아 글쎄, 예전에 어떤 산모는 병원 앞 잔디밭에서 출산을 하더라니깐요!

산모 : (나지막하게) 그때도 저였는걸요!

누구의 잘못

하루는 학교에서 돌아온 아들이 울먹이며 엄마에게 달려와 말했다.

"엄마! 나 오늘 학교에서 내가 하지도 않은 일로 선생님께 혼났어."

이 말을 들은 엄마는 화가 나서 말했다.

"뭐라구? 엄마가 당장 내일 학교로 찾아가 선생님을 좀 봐야

겠구나. 그런데 네가 하지도 않은 일이 뭐였니?"
그러자 그 아이는 여전히 울먹이며 말했다.
"응······; 숙제."

회개하라

맹구가 시험을 치르게 됐다. 문제지를 받아보니 아는 게 하나
도 없었다.
교수가 독실한 크리스천인 것을 기억한 맹구는 답안지에 주
기도문, 십계명 등을 잔뜩 써 넣은 뒤 '잘 부탁합니다.'라고 적
었다.
얼마 후 교수가 답안지를 채점해 돌렸다. 맹구는 두근거리는
마음으로 답안지를 받았다.
거기엔 이렇게 쓰여 있었다.
'회개하라.'

수산업

어느 날, 담임선생님은 만득이가 제출한 가정환경 조사를 살
펴보면서 고개를 갸우뚱거렸다.
담임선생님 : 만득아, 아버님이 선장이시니?
만득이 : 아뇨.
담임선생님 : 그럼 어부이시니?

만득이 : 아뇨.

담임선생님 : 그런데 왜 아버지 직업을 수산업이라고 썼니?

　그러자 만득이는 눈을 지그시 감고 말했다.

만득이 : 우리 아버지는 학교 앞에서 붕어빵을 구우시걸랑요.

알파벳과 숫자의 전쟁

　숫자와 알파벳 간에 싸움이 벌어졌다

　숫자파 두목이 알파벳파에 스파이를 보내기로 결정했다.

　숫자파 두목 : 야! 1이랑 3이랑 이리로 나와. 너희는 붙어서 'R'로 가장한 다음에 알파벳파로 진입하라.

　그런데 한참 후 숫자 1과 3이 엄청 맞은 채 돌아왔다.

　숫자파 두목 : (매우 놀라며) 어떻게 된 거냐?

　1·3 : 두목! 알파벳파에선 두목 A만 빼고 모두 소문자였습니다.

죄와 벌

　세 남자가 교통사고로 죽어 하늘나라에 도착했다.

　옥황상제가 그들의 이승에서의 죄를 확인하고 있었다.

　첫 번째 남자에게 왈,

　"너는 이승에서 죄를 많이 짓고, 아내를 무척이나 많이 속였구나. 너는 저 고물 티코를 타고 저승 주변을 영원히 돌도록 하여라."

두 번째 남자에게 말했다.

"너는 이승에서 죄는 많이 짓지 않았지만 아내를 네 번 속인 적이 있구나. 너는 엑셀을 타고 저승을 10년 동안 돌도록 하여라."

세 번째 남자의 차례가 되었다.

"음……; 너는 죄도 하나도 짓지 않고 아내를 속인 적도 없구나. 너는 그랜저를 타고 저승을 한 바퀴만 돌도록 하여라."

티코와 엑셀을 탄 남자들이 저승을 돌다가 그랜저를 탄 남자가 울고 있는 것을 보았다.

"아니 그랜저 타고 울 일이 있습니까?"

세 번째 남자는 여전히 울면서 말했다.

"방금 아내가 자전거를 타고 저승을 돌고 있는 것을 봤거든요."

키스한 후 여성들의 반응

1. 호흡곤란 형 : 숨을 몰아쉬며 몸을 못 가눈다.(키스를 오래 할 때는 코로 숨을 쉬는 것을 모르는 모양이다.)
2. 울보 형 : 마구 운다.('키스=순결박탈'이라는 공식을 가진 모양이다.)
3. 방독면 형 : 손으로 코를 쥔 후 남자를 데리고 가 칫솔과 치약을 사 준다.(그래도 참았으니 가상하다.)
4. 에로 형 : 갑자가 옷을 하나하나 벗는다.(에로영화를 너무

많이 본 모양이다.)

5. 몰라 형 : 내 인생 책임지라며 매달린다.(책임질 남자가 진짜 없었나 보다.)

6. 이게 뭐야 형 : 뭐 이렇게 시시하냐며 다른 거 하자고 한다.(다른 게 뭘까?)

7. 한 번 더 형 : 또 하자고 달려든다.(잘못 걸렸다.)

8. 내숭 형 : 얼굴이 발그레해져 수줍은 미소를 띤다.(남자들의 마음을 흔드는 방법을 아주 잘 알고 있다.)

9. 결벽 형 : 하자마자 화장실로 달려가 양치질 한다.(방독면형보다 더하다.)

10. 공주 형 : 거울을 꺼내 루주부터 다시 바른다.(루주 좀 먹지 말란 말이야.)

우리는 닮은꼴

교양이 있다고 자신하던 성숙이가 파티에서 플레이보이로 소문이 난 강식이를 만났다.

성숙이는 강식이와 몇 마디 대화를 나누고는 퉁명스럽게 말했다.

"아무래도 우리는 서로 통하는 게 전혀 없는 것 같군요."

강식이는 아무렇지도 않은 듯 웃으면서 말했다.

"저는 그렇게 생각하지 않는데요. 한 가지만 물어봐도 될까요?"

"그러세요."

"만약 침대가 딱 2개 있는 방에서 자야 하는데, 한쪽에는 여자가 자고 있고 다른 한쪽에는 남자가 자고 있으면 어디에서 잘 것인가요?"

"그것을 말이라고 해요. 당연히 여자하고 자지요."

강식이가 씩 웃으며 말했다.

"그것 봐요. 통하는 게 있지요. 저도 여자하고 자거든요."

대단한 백사장

정신 나간 미국인이 수영복을 입은 채 사하라사막을 여행하고 있는데 한 아랍인이 놀란 얼굴로 물었다.

아랍인 : 지금 어딜 가는 거죠?

미국인 : 지금 수영하러 가는 길입니다.

아랍인 : 여기서 바다까지는 800km는 가야 한다고요.

미국인 : 800km나 된다고요. 와우, 정말 대단한 백사장이네요.

여자

1. 올림픽 경기에서 양궁으로 금메달을 딴 여자.

- 활기찬 여자

2. 변비로 심하게 고통 받는 여자.

- 변심한 여자

3. 울다가 그쳤다 다시 우는 여자.

- 아까운 여자
4. 못 먹어도 고를 외치는 여자.
- 고고한 여자
5. 다방에 가면 꼭 창 없는 구석에 앉는 여자.
- 창피한 여자

부전자전

중학생인 맹구는 사춘기가 한창이었다. 맹구 담임선생님이 맹구 엄마에게 가정통신문을 보냈다.

"맹구어머니께, 맹구는 아주 똑똑하고 명랑합니다만 여자에 대해 너무 많이 생각하는 것 같습니다."

맹구엄마가 답장을 보냈다.

"해답을 찾으시면 충고를 부탁드립니다. 저도 맹구아빠 때문에 똑같은 문제로 고민하고 있습니다."

동변상련

바람둥이 순자가 한 남자와 사랑을 나누다 남편이 돌아오는 소리를 듣고 남자에게 하얀 분가루를 뒤집어씌우고 말했다.

"당신은 석고상이니까 절대 움직이면 안돼요."

남편이 돌아와서 물었다.

"이게 뭐야?"

"새로 산 석고상이예요. 멋있기에 하나 샀죠."

남편은 더 이상 석고상에 대해 묻지 않았다. 다음 날 남편은 아침 일찍 일어나 음식을 들고 석고상에게 말을 걸었다.

"이것 좀 먹어요. 내가 지난달에 사흘 동안 석고상 노릇을 해봐서 알지. 배가 고파도 물 한잔 주는 사람이 없더라고요."

기적은 이루어진다

영자의 시어머니가 병원에 입원했다.

영자는 의사의 지시로 매일 시어머니의 소변을 받아 검사를 받았다.

하루는 영자가 소변을 받아 의사에게 가져가는 도중 엎지르고 말았다.

깜짝 놀란 영자는 자신의 소변을 대신 받아 검사를 받았다.

다음 날 의사가 병실로 찾아와 웃음 띤 얼굴로 말했다.

"할머니, 기적이 일어났습니다."

시어머니는 병이 나은 줄 알고 함께 기뻐했다. 하지만 이어지는 의사의 말을 들은 시어머니는 깜짝 놀라 기절하고 말았다.

"임신 3개월입니다."

아파도 아파하지 못할 때

1. 노래방에서 노래책을 가지러 가다가 마이크 줄에 걸려 넘어

졌을 때.

2. 만원버스에서 앉아 졸다 창틀에 머리카락이 끼었을 때.

3. 코 후비다가 코피가 났을 때.

4. 열심히 노래하다 마이크에 앞니가 부딪쳤을 때.

5. 엄마의 핀잔에도 불구하고 슬리퍼 신고 엄마와 나갔다가 돌부리에 발가락이 부딪쳤을 때.

개밥

고등학생인 철수가 배가 고파 한 식당을 찾았다. 밥을 먹고 있는데 한 꼬마 들어오더니 식당 아줌마에게 말했다.

"엄마, 개한테 밥 안줘?"

아줌마는 꼬마를 달래며 말했다.

"조금만 기다려 봐. 저 손님이 먹고 남긴 거줄게."

꼬마는 한쪽 구석에 앉아 철수가 밥을 먹는 것을 뻔히 쳐다보는 것이었다.

철수가 밥과 반찬을 남김없이 먹자 꼬마가 울음을 터뜨리며 식당 아줌마에게 소리쳤다.

"엄마! 손님이 개밥까지 다 먹었어."

필요 없어요

한 중년남자가 병원을 찾아 비아그라 처방을 받았다. 의사는 주의사항을 말했다.

"관계를 갖기 1시간 전에 먹는 것이 좋습니다."

집에 온 남자는 동창회를 나간 아내에게 전화해 언제쯤 돌아오느냐고 물었다. 1시간쯤 걸릴 것 같다는 말에 남자는 얼른 비아그라를 먹었다. 한데 1시간이 지나도 아내가 돌아오지 않자 남자는 조급한 마음에 아내에게 전화를 걸었다. 아내는 차가 막혀 시간이 더 걸릴 것이라고 말했다. 남자는 서둘러 의사에게 전화했다.

"선생님, 비아그라를 먹었는데 아내가 늦는답니다. 이거 아까워서 어떡하죠?"

"집에 다른 사람은 없나요?"

"가정부가 있는데요."

"그럼 가정부하고라도"

남자가 어이없다는 듯 대답했다.

"가정부하고는 비아그라가 필요 없어요."

아가씨의 유혹

아주 예쁜 아가씨가 시골의 작은 호텔 바를 찾았다. 아가씨는 테이블에 앉아마자 요염한 몸짓으로 털보 웨이터에게 이리 오라는 손짓을 했다.

털보 웨이터가 총알같이 달려오자 아가씨는 웨이터에게 좀더 가까이 오라고 속삭였다. 웨이터의 숨결이 느껴질 만 한 거리가 되자, 아가씨는 촉촉한 손길로 웨이터의 무성한 수염을 더듬으며 말했다.

"아저씨가 여기 지배인이세요?"

아가씨가 섬섬옥수로 웨이터의 머리털과 수염을 어루만지는 사이에 웨이터가 말했다.

"아닙니다. 지금 지배인은 잠시 외출 중입니다."

"음, 그렇군요."

아가씨의 대담한 접근에 상당히 고무된 웨이터는 급기야 자신의 입술로 아가씨의 손가락을 핥으며 물었다.

"아가씨, 제가 메모라도 남겨 드릴까요?"

그러자 아가씨는 손가락을 닦고서 메모장에 이렇게 썼다.

'여자 화장실에 휴지가 떨어졌어요!'

나는 무엇일까요?

○ 넣을 때의 설렘, 흔들 때의 즐거움, 뺄 때의 아쉬움 : 저금통
네 다리를 벌려 봐, 맛있는 것을 먹어 봐 : 젓가락

○ 동그랗고 만지면 말랑말랑하고 크기는 다양한데, 크면 클수록
좋아하고 끝에 꼭지가 달려 있는 것 : 풍선

○ 겉옷을 벗기고 속옷을 벗기면 처음에는 단단한데 입안에 넣
고 빨면 흐물흐물해지는 것 : 껌

○ 원통형에 구멍이 있고 손으로 만지작거리면 구멍에서 흰 액
체가 나오는 것 : 치약

될성부른 소녀

"네 장난감 놔두고 왜 내거 가
지고 놀아!"
"가만 있어. 소젖 짜는거 연습
중이잖아."
소녀는 될 성부른 떡잎이었다.

마누라와 호프집 팝콘의 공통점

1. 공짜다.
2. 달라는 대로 준다.
3. 먹어도 먹어도 질리지 않는다.
4. 자꾸만 손이 간다.
5. 진짜 안주가 나오면 쳐다보지도 않는다.

짐승과 함께

모델처럼 예쁜 아가씨가 값 비싼 모피코트를 입고 걸어가고 있었다.

때마침 거리에서는 '야생동물을 보호하자'는 캠페인이 벌어지고 있었고 한 남자가 아가씨를 불렀다.

"아가씨, 이 코트를 만들려면 얼마나 많은 짐승이 희생되는지 아십니까?"

남자의 말을 들은 아가씨는 버럭 화를 내며 말했다.

"아저씨, 제가 이 모피코트를 사 입으려고 얼마나 많은 밤을 짐승들과 지내야 했는지 아세요?"

섹티즌 10계명

1. 인터넷에는 무수한 성인사이트가 있으나 한 사이트에 연연

하지 말라.(다양한 정보를 얻을 수 있다.)

2. 화상은 화상일 뿐이니 화면속 행위를 현실에서 할 수 있는 것으로 착각하지 말라.(여자친구에게 버림받는다.)

3. 즐겨 찾는 성인사이트를 함부로 말하지 말라.(취미생활이 드러나면 다른 사람들에게 '왕따' 당할 수 있다.)

4. 무료 성인사이트를 기억해 자주 들르도록 하라.(무료에서도 화끈한 것을 건질 수 있다.)

5. 선배 섹티즌을 존경하라.(많은 정보를 얻을 수 있다.)

6. 화상은 크게 하되 소리는 작게 하라.(헤드셋을 이용하면 소리를 크게 해도 된다.)

7. 화상에서의 시간에 현혹되지 말라.(동영상은 편집이 가능하나 현실에서는 불가능하다.)

8. 안 좋은 사이트는 다른 섹티즌에게 말해 줘라.(시간 낭비를 줄일 수 있다.)

9. 다른 사람에게 특정사이트를 강요하지 말라.(사람마다 취향이 다를 수 있다.)

10. 화상 속의 물건(?)을 탐하지 말라.(취미는 취미일 뿐이다.)

엉큼한 신부

한 신혼부부가 첫날밤을 맞았다. '사랑'을 두 번 나눈 신랑은 충분하다고 생각해 잠을 자려고 누웠다.

신부가 신랑의 가슴에 손을 올리며 또 요구했다. 깜짝 놀란 신랑이 말했다.

"우리 엄마가 건강에 나쁘니 하룻밤에 두 번 이상하지 말라고 했어."

신부가 대답했다.

"우리 엄마도 그렇게 말했어요."

"그것 봐, 오늘은 이제 그만 자자."

신부가 고개를 저으며 말했다.

"이제 겨우 당신 몫 두 번이 끝났을 뿐이잖아요."

양아치와 주정뱅이

어느 날 동네에서 소문난 양아치가 포장마차에서 술을 마시고 있었다.

잠시 후 어떤 술 취한 사람이 나타나 양아치한테 술주정을 하기 시작했다.

"야! 너 양아치 맞지?"

".....'"

다행이 양아치는 가만히 있었고 주위사람들은 모두 안도의 한숨을 쉬었다.

하지만 주정뱅이의 악담은 거기에서 끝나지 않았다.

"이놈이, 어른이 말씀하시는데 대답도 안하네!"

".....'"

"야! 나, 어제 너희 엄마랑 잤다!"

사람들은 모두 경악을 금치 못했다. 하지만 양아치는 여전히 가만히 있었다.

"네 엄마, 어제 죽이던데?"

드디어 양아치가 벌떡 일어섰다.

사람들은 '이제 저 사람은 큰일 났구나!'하고 생각했다. 양아치가 조용히 말했다.

"아버지, 취하셨어요. 그만 가시죠."

고스톱이 주는 10가지 가르침

1. 낙장불입 : 인생에서 한번 실수가 얼마나 크나큰 결과를 초래하는지 깨우치게 한다.

2. 비풍초똥팔삼 : 살면서 무엇인가를 포기해야 할 때 우선순위를 결정해 위기 상황을 극복해 나가는 과정을 가르친다.

3. 밤일낮장 : 인생에서는 밤에 할 일과 낮에 할 일이 정해져 있으므로 모든 일은 때맞춰 해야 함을 가르친다.

4. 광박 : 인생은 결국 힘 있는 놈이 승리하기 마련이며 광이 결국은 힘이라는 사실을 일깨워 최소한 광 하나는 가지고 있을 필요성을 일깨운다.

5. 피박 : 쓸데없는 피가 고스톱에서 얼마나 중요한지를 깨우쳐 사소한 것이라도 결코 소홀히 보지 않도록 한다.

6. 쇼당 : 인생에서 양자택일의 기로에 섰을 때 현명한 판단을 내리게 한다.

7. 독박 : 무모한 모험이 실패했을 때 속 뒤집히는 과정을 미리 체험케 함으로써 무모한 짓을 삼가도록 한다.

8. 고 : 인생은 결국 승부라는 것을 가르쳐 도전정신을 배가시

키고 배짱을 키워준다.

9. 스톱 : 안정된 투자정신과 신중한 판단력을 증진시켜 미래의 위험을 내다볼 수 있는 예측력을 가르친다.

10. 나가리 : 인생은 곧 '나가리'라는 허무를 일깨워 줘 노장사상의 심오한 철학을 단번에 이해하게 한다.

시체가 웃는 이유

어느 병원 영안실에 세구의 시신이 들어왔다. 그런데 시신이 모두 웃고 있는 것이었다. 의사가 간호사에게 물었다.

"아니, 시신들이 왜 웃는 거요?"

"첫 번째 시신은 1억 원짜리 복권에 당첨돼서 심장마비로 죽은 사람이고, 두 번째 시신은 자기 자식이 1등을 해서 너무 기뻐한 나머지 그 충격에 사망한 사람입니다."

의사가 혀를 차며 물었다.

"그거 참……. 그렇다면 이 세 번째 시신은?"

"세 번째 시신은 벼락을 맞아 죽었습니다."

"아니? 벼락을 맞았는데 왜 웃고 있지?"

간호사가 담담한 표정으로 말했다.

"예, 사진 찍는 줄 알고 그랬답니다."

건망증 남자의 고백

건망증이 심한 목사님이 결혼식 주례를 마치고 피로연에 참
가했다.

갑자기 신랑이 일어나더니 신부에게 큰소리로 말했다.

"나 오늘 당신과 이곳에 모인 하객들 앞에서 고백할 것이 있
소. 난 결혼하기 전에 수없이 행복한 시간을 다른 여자 품에서
보냈소!"

신랑의 말에 피로연장은 웅성대기 시작했고 신부는 금방이라
도 울 것 같은 표정이 되자, 신랑이 다시 한 마디 했다.

"그것은 바로 나의 어머니요! 어머니 감사합니다!"

이 말에 모든 하객들은 입가에 엷은 미소를 띠었고 묵묵히
앉아 있던 신랑의 어머니 눈에서 한줄기 눈물이 흘렀다.

이것을 본 목사님은 너무나 멋있다고 생각하고 얼마 후에 있
을 자신의 금혼식 때 꼭 사용하겠다고 다짐했다.

"여보 오늘 내가 당신과 이 사람들 앞에서 고백할 것이 있소.
사실 난 당신과 결혼 전에 수없이 행복한 시간을 다른 여자의
품에서 보냈소!"

그런데 그 다음 말을 해야 하는 목사님이 잠시 머뭇거리더니
말했다.

"가만 있자…… 근데, 그 여자가 누구였지?"

신의 실수

중년의 한 여인의 시망마비로 병원에 실려 갔다.

수술대 위에서 거의 죽음 직전에 이르자 여인은 신을 만났다.

이것으로 이제 끝이냐고 물었더니 신은 아니라고 하며 그녀가 앞으로 30~40년은 더 살 것이라고 말했다.

병이 회복됨에 따라 그녀는 병원에 더 있으면서 얼굴을 팽팽하게 하고 지방도 제거하고 가슴도 키우고 아랫배도 집어넣기로 하였다. 그녀는 사람을 불러 머리도 염색했다.

앞으로 30~40년은 더 살 것이니 이왕이면 예쁘면 사는 것이 좋지 않겠는가.

그녀는 마지막 수술이 끝나고 병원에서 나오다가 달려오는 앰뷸런스에 치여 사망했다.

그녀는 신 앞에 서게 되자 이렇게 물었다.

"제가 30~40년은 더 살 거라면서요?"

신이 대답했다.

"못 알아봤다!"

지하철에서

지하철에서 어떤 할아버지가 한 손에는 바구니를, 다른 한 손에는 지팡이를 들고 걸어왔다.

사람들은 그 할아버지가 들고 있는 바구니에 동전을 넣어주는 등 저마다 조금씩 도와주기도 하고 그냥 외면하기도 했다.

할아버지가 앉아서 졸고 있는 한 처자 앞을 지날 때쯤이었다. 갑작스런 휴대전화 진동소리에 깜짝 놀라 잠을 깬 처자는 민망한지 주위를 둘러보다가 바구니 할아버지를 발견했다.

그 순간 처자는 얼른 자리에서 일어나 할아버지에게 다가가

더니 말했다.

"할아버지, 여기 않으세요."

순간 당황한 할아버지.

웃는 주위 사람들.

그 처자는 영문을 모르겠다는 눈치였는데,

할아버지는 처자의 성의(?)를 무시하고 옆칸으로 가버렸다.

거짓말 하지 마

한 여자가 아주 짧은 치마를 입고 걸어가고 있었다. 그 모습을 본 철호는 슬금슬금 여자의 뒤를 쫓았다.

그녀가 막 육교 위로 올라가는데 뒤따르던 철호가 말했다.

"팬티 보인다. 팬티 보인다."

여자는 철호의 말을 무시한 채 그냥 육교로 올라갔다. 철호는 다시 한번 소리쳤다.

"팬티 보인다. 팬티 보인다."

육교 아래로 고개를 돌린 여자가 철호를 쏘아보면서 말했다.

"야, 임마! 어떻게 입지도 않은 팬티가 보이냐?"

여기가 아닌가?

좀 모자라는 한 노총각이 결혼식을 치르게 됐다. 모두의 축복 속에 결혼식은 순조롭게 진행됐고 주례가 주례사를 읽기 시작했다.

"오늘 화촉을 밝히는 신랑은 어린 시절부터 두뇌가 명석해 학업성적이 우수했으며 사회에 진출해서는 모든 일에 솔선수범하고 있는 앞으로 장래가 촉망되는······."

주례사를 조용히 듣고만 있던 신랑의 얼굴색이 점점 변하기 시작했다. 갑자기 신랑이 아버지를 돌아보며 말했다.

·"아버지! 여기가 내 결혼식장이 맞아요?"

아니, 어떻게

열대 바닷가에서 두 남자가 일광욕을 즐기고 있었다.

한 남자가 옆에 누워 있는 남자에게 말했다.

"제가 여기 온 것은 우리집에 불이 나서 내가 가지고 있던 모든 것이 타버렸기 때문이죠. 보험회사가 전부 보상해줬어요."

그 말을 들은 남자가 놀란 표정으로 말했다.

"참, 신기하네요. 저도 보험회사가 보상해줘 여기에 왔거든요. 홍수 때문에 모든 것을 잃어버렸죠."

처음 말을 걸었던 남자가 주위를 두리번거리더니 조용히 물었다.

"불내는 것은 그렇다고 해도 홍수는 어떻게 냈습니까?"

특허 받은 황당무계한 발명품들

다음의 발명들은 어디에 쓰자는 것일까.

하여튼 실제 미국에서 특허를 받은 것들이다.

새에게 채우는 기저귀 : 발명자는 불쌍하게 새를 새장 안에 가둬놓지 않고 집안을 자유롭게 돌아다니면서 키우려면 꼭 필요한 물품이라고 주장했다.

인공위성 방향 수정장치 : 이름은 그럴 듯한데, 중력이 끌어당기는 것이 아니라 미는 힘일 때만 유효한 장치다. 중력이 미는 힘이라면 뉴턴은 사과가 떨어지는 것이 아니라 하늘로 날아가는 것을 봤을 터.

휴대용 냄새 발생기 : 산에서 곰처럼 사나운 짐승을 만났을 때 써먹는 것. 갖고 다니다 뿜으면 스컹크의 독한 냄새가 난다. 곰은 쫓을 수 있겠지만 쓰는 사람은 지독한 냄새를 맡고도 멀쩡할지.

인간 새총 놀이기구 : 커다란 캡슐 안에 사람을 넣고, 초대형 새총으로 쏘아 올린다. 최고점에 이르렀다 떨어지기 시작하면 캡슐이 열리고 낙하신이 자동으로 펴져 사람은 안전하게 내려오게 설계했다. 1998년 특허를 땄는데, 실제로 놀이공원에 등장할지는 의문.

다람쥐 껍질 벗기는 장치 : 잔혹한 이름 그대로다. 86년 12월 특허 등록했으나 아직 아무 데도 쓰지 못하고 있다고.

성격에 따른 방귀

○ 영특한 사람 : 재채기를 하며 방귀 뀌는 사람.

○ 소심한 사람 : 자기 방귀 소리에 놀라 펄쩍 뛰는 사람.
○ 자만하는 사람 : 자기 방귀 소리가 제일 크다고 생각하는 사람.
○ 불행한 사람 : 방귀 뀌려다가 똥산 사람.
○ 멍청한 사람 : 몇 시간 동안 방귀 참는 사람.
○ 난처한 사람 : 자신의 방귀와 남의 방귀를 구별하지 못하는 사람.
○ 불안한 사람 : 방귀를 뀌다가 중간에 멈추는 사람.
○ 비참한 사람 : 방귀를 못 뀌는 사람.
○ 시대파악을 못하는 사람 : 여자가 방귀 뀐다고 투덜대는 사람.
○ 귀여운 사람 : 남의 방귀 냄새를 맡고 뭘 먹었는지 맞히는 사람.
○ 뻔뻔한 사람 : 방귀 크게 뀌고 자지러지게 웃는 사람.
○ 부정직한 사람 : 자기가 뀌고 남한테 뒤집어씌우는 사람.
○ 검소한 사람 : 항상 여분의 방귀를 남겨두는 사람.
○ 반사회적인 사람 : 양해를 구한 뒤 혼자만의 장소에 가서 뀌는 사람.
○ 감성적인 사람 : 방귀 뀌고 우는 사람.
○ 바보 : 다른 사람의 방귀를 자기 것이라 생각하고 즐기는 사람.
○ 얼간이 : 방귀 뀌고 팬티에 흔적 남기는 사람.
○ 전략가 : 큰 웃음소리로 방귀소리를 감추는 사람.
○ 지식인 : 자신의 주위에서 누가 뀌었는지 알아맞히는 사람.
○ 겁쟁이 : 방귀를 나눠서 뀌는 사람.

○ 새디스트 : 잠자리에서 방귀 뀌고 이불을 펄럭이는 사람.

○ 매조키스트 : 탕 속에서 방귀 뀌고 그 거품을 깨물어 보려고 하는 사람.

○ 환경운동가 : 방귀는 뀌나 환경오염을 염려하는 사람.

○ 강한 사람 : 방귀 때문에 입는 팬티마다 망사로 만드는 사람.

○ 간 큰 사람 : 엘리베이터에서 혼자 있다고 맘 놓고 구린 방귀 뀌는 사람.

소름 돋는 작업용 멘트

○ 아버님이 도둑이세요?(아니오)

그럼 어떻게 하늘의 별을 훔쳐 당신 눈에 넣으셨죠?

○ 동전 좀 빌려 주실래요?(뭐 하시게요?)

어머니께 전화해서 꿈에 그리던 여자(남자)를 만났다고 말하게요.

○ 응급처치 할 줄 아세요?(왜요?)

당신이 제 심장을 멎게 하거든요!

○ 길 좀 알려 주시겠어요?(어디요?)

○ 셔츠 상표 좀 보여주세요.(왜요?)

'천사표'인가 보려고요.

○ 피곤하시겠어요.(왜요?)

하루 종일 제 머릿속에서 돌아다니니까요.

○ 천국에서 인원점검을 해야겠어요.(왜요?)

천사가 하나 사라졌을 테니까요.

한 숟가락은 아빠를 위해, 한 숟가락은 엄마를 위해, 한 숟가락은 형을 위해…. 한일은 비서하고, 한알은 치과 의사하고, 한알은 정육점 여주인하고, 한알은 여사장하고….

저런 대들은 처음!

아마도

한 정신과 의사가 의과대학 학생들을 놓고 수업을 하고 있었다.

"어떤 환자가 있습니다. 그 사람은 몇 분 동안 미친 듯이 화를 내며 고함을 치다가 다시 자기 자리에 앉아서 울먹이기 시작했습니다. 이런 환자를 어떻게 진단하겠습니까?"

그러자 뒤에 앉아 있던 한 학생이 소리쳤다.

"제 생각에는 그 사람이 농구팀 코치인 것 같은데요."

남자 대 여자

1. 남자의 얼굴은 이력서고 여자의 얼굴은 청구서다(남자는 살아온 세월이 드러나고 여자는 들인 돈의 액수가 얼굴에 드러난다.)

2. 남자는 첫사랑에게 전화가 왔을 때 궁금해 하지만 여자는 사는 것이 힘들 때 첫사랑을 생각한다.

3. 길을 걸을 때 남자는 여자를 보고 여자도 여자를 본다.(남자는 여자의 얼굴과 몸매에 관심을 갖지만 여자는 다른 여자의 옷, 화장, 액세서리에 관심을 갖는다.)

4. 결혼식 때 남자는 겉으로는 웃지만 속으로는 울고 여자는 겉으로는 울지만 속으로 웃는다.

5. 실연을 당하면 남자는 술로 잊고 여자는 수다로 잊는다.

의사도 남자다

예쁘게 생긴 한 여자가 정신과 의사를 찾았다.

여자가 말했다.

"선생님, 저는 술을 먹기만 하면 남자를 밝혀요. 어쩌면 좋죠?"

그 말을 들은 의사가 의자에서 일어나 장식장을 열며 대답했다.

"잠깐만요. 우리 한잔 마시면서 천천히 상담해 봅시다."

최첨단 시계

바에 들어선 사내는 예쁜 여자 옆에 가서 앉더니 잠시 시계를 들여다봤다.

"데이트 상대가 시간을 안지키나보죠?"하고 여자가 물었다.

"아뇨, 방금 이 최신식 시계를 샀기에 테스트하고 있는 겁니다."

"뭐가 그렇게 특별한데요?"

"알파파를 이용해서 나에게 텔레파시를 보낸답니다"라고 그는 설명했다.

"지금 뭐라고 하고 있는데요?"

"당신이 팬티를 홀랑 벗고 있다네요."

여자는 낄낄 웃었다.

"그렇다면 그 시계 고장 난 거네요. 난 팬티를 입고 있거든요! 하지만 참 재미난 분이군요. 칵테일을 한 잔 사주신다면 마다않겠어요."

그때 사내는 손목의 시계를 조용히 끌어다가 입에 대고는 속삭이듯 말했다.

"제기랄, 네놈이 한 시간 빨리 가고 있단 말이야!"

방범대원 아르바이트생

어느 대학생이 방범대원 아르바이트를 하고 있었다.

열심히 순찰을 돌던 문제의 그날 밤.

어느 집 담장을 넘고 있는 검은 그림자를 발견했다.

'아싸~ 올 것이 왔구나. 드디어 한 건 올린다' 싶어서 냅다 외쳤다.

"꼼짝마라!"

그러나 순간 그는 당황하지 않을 수가 없었다.

그가 가진 것이라고는 권총이 아닌 곤봉이었으니, 결국 그가 외친 그 다음 대사는……

"꼬……꼼짝마라, 우……움직이면 때린다!"

오빠, 아저씨, 할아버지

1. 휴대폰 주머니에 넣으면 오빠, 허리에 차면 아저씨, 없으면 할아버지.

2. 노래방책 뒤에서 찾으면 오빠, 앞에서 찾으면 아저씨, 찾아 달라 하면 할아버지.

3. 덥다고 윗 단추 풀면 오빠, 바지를 걷으면 아저씨, 내복을 벗으면 할아버지.

4. 목욕탕에서 거울 볼 때 가슴에 힘주면 오빠, 배에 힘주면 아저씨, 코털을 뽑으면 할아버지.

5. 블루스 출 때 허리 감으면 오빠, 왼손 올리면 아저씨, 발 밟으면 할아버지.

6. 지나가는 여자를 앞에서 보면 오빠, 힐끔 돌아보면 아저씨, 끌끌 혀 차면 할아버지.

7. 식당에서 물수건으로 손 닦으면 오빠, 얼굴 닦으면 아저씩, 코 풀면 할아버지.

8. 식당에서 종업원에게 아가씨라고 부르면 오빠, 언니라고 부르면 아저씨, 임자라고 부르면 할아버지.

9. 오빠라는 소리에 덤덤하면 오빠, 반색하면 아저씨, '떽'하고 소리지르면 할아버지.

10. 벨트라고 부르면 오빠, 혁대라고 부르면 아저씨, 허리띠라고 부르면 할아버지.

그게 바로 저예요

한 남자가 청혼하자 여자가 말했다.

"저는 용기 있고 머리 좋은 남자와 결혼하고 싶어요."

"지난번 보트가 뒤집혔을 때 제가 당신을 구해 주지 않았습니까? 그걸로 제 용기가 증명되지 않았나요?"

"그걸로는 충분하지 않아요. 머리가 좋아야 한다는 조건이 남아 있으니까요."

그러자 남자가 말했다.

"그거라면 염려 탁 놓으십시오. 그 보트 뒤집은 게 바로 저거든요."

넌센스 퀴즈

당근과 호박, 오이, 감자, 고구마 등등을 싣고 가던 트럭이 달리고 있었다.

이 트럭이 급커브 길을 돌 때 떨어지는 것은 무엇일까요?

정답은······ '속도'

○○시대

드라마 『제국의 아침』이 끝나고 『무인시대』 첫 회가 방영 되던 날, 역사공부도 시킬 겸 자녀들과 함께 보기로 하였다.

타이틀 자막이 나오자 중학교 1학년인 딸이 제목인 『무인시대』를 보고 물었다.

"아빠 제게 무슨 자야?"

중학교 3학년인 아들이 아는 척하며 대답했다.

"바보, 그것도 몰라? '야인시대'잖아."

이쯤에서 내가 힌트를 주기로 했다.

"다 틀렸어. 이번에 대통령 당선자가 노무현 아저씨인데, 그래서 신문에 매일 나오는 글자잖아."

그러자 아내가 한 마디 거들었다.

"어휴 답답해. 등장인물들 수염을 보면서도 모르겠니? 노, 인, 시, 대!"

지하철에서

지옥철이나 다름없는 지하철을 타고 출근하던 철수가 소리쳤다.

"오, 제발~! 발 디딜 틈이라도 만들어 주세요."

그때, 거짓말처럼 신의 목소리가 들려오는 것이었다.

"그래~, 네 발사이즈가 어떻게 되느냐?"

엄마의 결혼

네 살 된 딸이 결혼의 개념을 제대로 이해하지 못하자 아버지는 시각적인 것을 보여주면 도움이 되지 않을까 싶어서 결혼사진을 꺼내 보이기도 했다.

41

앨범을 한 장씩 넘겨가면서 그는 신부가 결혼식장에 도착하는 장면, 퇴장하는 장면, 손님들을 접대하는 장면 등을 설명했다.

"이제 알겠니?" 하고 아버지는 물었다.

그러자 딸아이의 대답.

"알 것 같아. 엄마는 저렇게 해서 우리집에 일하러 온 거란 말이지?"

내가 어릴 적

내가 5~6살 때쯤 그림책을 보다 새끼코알라를 손으로 짚으며 엄마에게 물었다.

"엄마, 이게 뭐야?"

"코알라야"

그러자 난 곧 어미코알라를 가리키며 이렇게 말했다.

"그럼 이건 코엄마야?"

참고로 난 경상도 사람.

입사전, 후

1. 술

입사 전 : 새우깡에 소주 마셨다.

입사 후 : 가끔 단란한 데도 간다.

2. 카드

입사 전 : 하나 있었지만 금방 가위로 잘라버렸다.

입사 후 : 3~4개는 기본이고 막 그어 버린다. 카드 내역 보면 전부 술집 이름 찍혀 있다.

3. 생활

입사 전 : 거의 폐인이었다.

입사 후 : 다람쥐 첫바퀴 도는 생활이다.

4. 취침, 기상 시간

입사 전 : 새벽 4~5시에 잤다.

입사 후 : 새벽 5시에 일어나서 출근 한다.

5. 좋아하는 노래

입사 전 : 록이나 댄스곡, 발라드를 좋아했다.

입사 후 : 댄스나 발라드 불렀다간 상사들한테 맞는다. 트로트가 점점 좋아져 간다.

6. 학교

입사 전 : 빨리 학교 졸업하고 취직하고 싶었다.

입사 후 : 학교 다니던 때가 좋았다.

7. 맘에 드는 여자를 보면

입사 전 : 맘에 드는 여자를 보면 사귀로 싶어졌다.

입사 후 : 맘에 드는 여자를 보면 결혼하고 싶어진다.

8. 짜증날 때

입사 전 : 학점이 개판으로 나왔을 때.

입사 후 : 보너스가 안 나왔을 때.

9. 싫은 사람

입사 전 : 학점 짜게 주는 교수

입사 후 : 만날 갈구는 상사

10. 군대

　입사 전 : 지겨운 군대에서 해방돼 기뻤다.

　입사 후 : 군대에서 다시 들어온 기분이다.

11. 때려치우고 싶을 때

　입사 전 : 이제까지 학교 다닌 게 아까워서라도 졸업은 하고 보자!

　입사 후 : 자식새끼 생각해서라도 잘 다니자!

12. 정치인

　입사 전 : 정치인들은 모두 사기꾼이고 추방해야 한다고 생각했다.

　입사 후 : 정치인 중에서도 ××가 대통령 되면 우리 회사에 유리할지도 모른다고 생각한다.

13. 꿈

　입사 전 : 얼른 졸업해서 좋은 직업 갖기.

　입사 후 : 돈 좀 모아서 나중에 구멍가게 차리기.

14. 거금이 필요할 때

　입사 전 : 방학 때 노가다 뛰었다.

　입사 후 : 로또 긁는다.

15. 기분 좋을 때

　입사 전 : 시험 망쳤는데 학점 잘 나왔을 때.

　입사 후 : 일 잘한다고 상사가 머리 쓰다듬어줄 때.

16. 토익

　입사 전 : 취업하기 위해 몇 년에 걸쳐 공부한다.

　입사 후 : 승진시험 볼 때만 목숨 걸고 공부한다.

17. 단란한 데 갈 때

　입사 전 : 두 달 용돈 모조리 털어서 친구들과 돈 모아서 갔

다.

입사 후 : 회사 법인카드로 한 번에 긁고 미친 듯이 논다.

18. 주말에

입사 전 : 여자친구랑 데이트하거나 놀러갔다.

입사 후 : 잠만 잔다.

때 밀 때의 고통?

1. 자꾸 방귀가 나오려고 할 때 정말 난처합니다. 때를 미는 동안 계속 몸이 흔들리고 아프기 때문에 거기에 신경을 쓰느라 괄약근을 계속 조이고 있기가 매우 힘들거든요. 참으려고 예를 쓰며 고통스러워하는 저를 보며 목욕관리사(?) 아저씨가 말씀하셨죠.

"학생 많이 아파? 남자가 이 정도는 참아야지."

2. 아저씨의 몸이 자꾸 내 몸에 닿을 때 더 난처합니다. 목욕관리사 아저씨들은 대부분 팬티를 착용하고 때를 밀어주지만 가끔 동네 사우나에 가면 저와 같은(?) 모습으로 닦는 분이 계십니다. 제 몸에 닿을 때마다 흠칫 놀라며 피하면 아저씨는 이렇게 말씀하지죠.

"어허, 아파도 좀 참으라니깐."

영화 속의 정사와 실제상황

1. 성인영화 : 무지하게 오래 한다. 거의 변강쇠나 옹녀다.

　〈실제상황 : 30초면 뒤처리까지 가능하다〉

2. 성인영화 : 하루에 열두 번도 더한다.

　〈실제상황 : 달력에서 빨간 날만 한다〉

3. 성인영화 : 눈만 마주치면 한다.

　〈실제상황 : 뭘 봐? 서로 모른 척하기 일쑤다〉

4. 성인영화 : 꼭 결정적인 순간에 전화벨이 울린다.

　〈실제상황 : 꼭 결정적인 순간에 배설한다〉

5. 성인영화 : 각종 먹을거리가 등장하지만 먹지 않고 소도구(?)로 사용한다.

　〈실제상황 : 하고 난 다음날 아침상에 곰탕이 오른다〉

　 성인영화 : 때와 장소를 가리지 않는다. 다리 밑, 사무실 등.

　〈실제상황 : 때와 장소를 가리지 않는다. 안방, 건넌방, 마루

ㅇ〉

목사와 사자

　아프리카 정글에서 어느 목사가 사자에게 쫓기고 있었다. 목사는 열심히 도망쳤지만 점점 힘이 빠졌다. 결국 사자가 바로 뒤까지 쫓아오자 목사는 절박한 심정으로 하느님께 기도했다.

　"하느님, 저를 굽어살피사 저 뒤에 쫓아오는 사자를 크리스천으로 만들어 주십시오."

　그러자 신기하게도 쫓아오던 사자가 멈추는 것이었다. 목사가 숨을 쉬며 안도하자 사자가 점잖게 목사에게 다가왔다. 그리

고는 경건한 목소리로 기도하기 시작했다.

"오늘도 우리에게 일용할 양심을 주셔서 감사합니다. 아멘."

담배와 정치의 공통점

1. 끊기가 어렵다.
2. 가슴이 아프다.
3. 침을 뱉는다.
4. 냄새가 난다.
5. 19세 미만은 다가가기에 애로사항이 많다.
6. 하는 사람만 한다. 무관심해지기도 쉽다. 피해는 다 본다.
7. 욕을 많이 먹는다.
8. 술 먹을 때 항상 입에 오르내린다.

내 말이 맞지!

고구마와 감자가 길을 걸어가고 있었다. 한 공원을 지나는데 찹쌀떡이 앉아 있었다.

고구마가 말했다.

"야, 고구마, 저 찹쌀떡 진짜 예쁘지 않으냐?"

감자가 퉁명스럽게 대꾸했다.

"뭐가 예쁘냐?"

"저것 봐. 하얀 얼굴이 정말 예쁘잖아."

이때 칭찬을 들어 쑥스러워진 찹쌀떡이 돌아앉아 찹쌀떡에서
아얀 밀가루가 떨어져내렸다.

감자가 말했다.

"내 말이 맞지! 화장발이잖아."

힘이 없어

중학생인 영주는 학교에서 성교육을 받았다.

선생님은 바나나 같은 것을 사용하면 안 된다고 설명했다.

이유가 궁금했던 영주는 고등학생인 영자에게 물었다.

"언니, 바나나를 왜 사용하면 안 돼?"

영자는 피식 웃더니 작은 목소리로 말했다.

"바나나는 힘이 없어."

아빠 거다

철수 엄마는 아들 철수의 고추가 너무 작아 고문에 빠졌다.

결국 한의원을 찾아 고추가 커진다는 약을 지었다.

철수 엄마는 약을 달여 철수에게 소주잔 하나 정도의 약을
줬다.

철수가 약을 먹어보니 무척 써서 먹기가 힘들었다.

억지로 약을 다 먹은 철수는 식탁에 500cc 맥주잔 가득 약이
담겨 있는 것을 보고 깜짝 놀라 물었다.

"엄마, 저것도 내가 다 먹어야 돼?"
엄마가 말했다.
"아니! 그건 네 아빠 거다."

여대생 대 직장여성(직녀)

○ 장래의 꿈
여대생 : 멋진 커리어우먼이 되고 싶다.
직녀 : 주부가 부럽다.

○ 직장관
여대생 : 봉급도 많고 안정적이며 재능을 마음껏 펼칠 수 있는
직장이 좋다.
직녀 : 남자 사원이 많은 곳이 최고다.

○ 친구로부터 "100일 됐어"라는 말을 들으면
여대생 : 벌써 100일 됐니? 오래가네.
직녀 : 애는 잘 크지?

○ TV에 SES가 나오면
여대생 : 춤과 노래를 따라 한다.
직녀 : 저런 귀여운 딸을 낳고 싶다.

○ 화장

여대생 : 안 해도 예쁘다.

직녀 : 화장하고 출근했는데 직장상사가 "화장도 안하고 회사 다니냐"고 핀잔준다.

○ 군인을 보면

여대생 : 군대간 남자친구가 생각나 슬프다.

직녀 : 저렇게 어린 것들이 나라를 지키고 있다는 생각에 불안하다.

40대가 되기 전에 배워야 할 것들

1. '아저씨'라 불려도 기분 나빠하지 않기 : 포기할 것은 포기해라. 더 이상 아가씨들로부터 오빠라는 소리를 들을 수 없다.

2. 허리띠 구멍 늘리지 않기 : 40대에 허리띠 구멍 수를 늘리는 사람은 자살을 앞둔 것과 마찬가지. 지금 몸무게를 무덤까지 가져갈 각오를 해야 한다.

3. 마누라 면박 주는 버릇 없애기 : 서서히 권력을 양보해야 할 시기. 늙어서 눈치 보며 살고 싶지 않다면 자녀 앞에서 아내를 경시하는 태도를 버려라.

4. 과자 사들고 집에 들어가기 : 과자로 자식의 환심을 살 수 있는 마지막 나이다. 50대나 60대는 차나 집을 사줘야 환심을 살 수 있다.

「미안합니다. 만원 상태입니다.」

우리 아들은 강하다

고등학생인 영철이가 아버지와 뒷산에 올랐다.

영철이는 오랜만에 산에 올라 무척 힘이 들었지만 막상 정상에 도착하니 상쾌했다.

평소 산을 자주 오르시는 아버지는 정상에서 친구들과 심각한 표정으로 이야기를 하셨다.

무척 곤란한 일이 생긴 것 같았다.

하지만 아버지는 주위 사람들에게 자신 있는 목소리로 말했다.

"우리 아들은 할 수 있어. 걱정하지 마!"

아버지는 땀을 흘리고 있는 영철이를 보며 친구들이 들으라는 듯 큰소리로 말했다.

"영철아! 내려가서 담배 좀 사 오거라."

선생님은 석공, 학생은 돌?

중학생인 철수는 초등학교 1학년 때까지 아버지 직업이 석공인 줄 알았다.

고등학교 국어교사이신 아버지가 아침에 출근할 때마다 철수에게 이렇게 말했다.

"철수야! 아빠, 오늘도 돌 깨러 갔다 올게!"

동화의 나쁜 영향

1. 선녀와 나무꾼 : 여성목욕탕에 대한 흥미유발
2. 금도끼은도끼 : 지나치게 비싼 선물을 주고받음
3. 인어공주 : 공주병의 원인
4. 혹부리영감 : 예뻐지기 위한 과도한 성형수술 조장
5. 흥부전 : 가족계획에 대한 반항
6. 백설공주 : 과다한 보디가드 채용
7. 햇님달님 : 폭력을 동반한 무리한 요구
8. 홍길동전 : 청소년의 잦은 가출

이상하네

정력만은 절대 남들에게 뒤지지 않는다고 뽐내던 경호는 친구들과 내기를 했다. 경호가 하루에 20명과 사랑을 나눌 수 있다고 자신한 것이다.

20명의 직업여성을 부른 후 내기가 시작됐다.

자신만만해하던 경호가 8명째 되자 쓰러져 일어설 줄을 몰랐다. 친구들이 병원으로 데리고 가려 하자 경호가 말했다.

"어제만 해도 됐는데, 그거 이상하네."

어느 낚시광의 부인

낚시를 매우 좋아하던 남자가 있었다. 남자는 날씨와 상관없이 주말만 되면 낚시를 하러 갔다.

비바람이 몰아치던 어느 일요일. 남자는 어김없이 낚시를 하러 갔지만 너무 추워서 집으로 돌아왔다. 조용히 침실로 들어선 남자는 옷을 벗고 이불 속으로 들어가면서 부인에게 말했다.

"오늘 날씨 정말 춥다."

그러자 부인이 대답했다.

"그렇죠. 그런데도 우리 남편은 낚시를 갔다니까요."

한애 나와!

어느 남녀공학 교실에서 학생들이 수업을 듣고 있었다. 짝꿍인 강멀구와 임한애는 수업 중에도 시간만 나면 잡담을 하느라 정신이 없었다. 참다못한 선생님이 버럭 소리쳤다.

"멀구랑 한애, 이리 튀어 나오지 못하겠어!"

그 순간 맨 앞줄에 앉은 탱자가 고개를 푹 숙인 채 앞으로 나오며 말했다.

"저예요……"

남자들이란

한 부부가 행복하게 살고 있었다. 갑자기 아무런 이유 없이 아내가 죽었다. 슬픔에 잠긴 남편은 3일장을 치렀다.

관을 집 밖으로 운반하는 도중에 인부드이 그만 관을 떨어뜨
렸다. 그 바람에 관속에 있던 아내가 다시 살아나 이후 30년쯤
잘 살았다.

아내가 다시 죽었다. 또다시 3일장을 치른 남편이 관을 내는
인부들에게 말했다.

"조심해서 떨어드리지 말게, 제발 조심해서……."

직업별 거짓말

○ 모범생 : 아휴, 이번 시험은 완전히 망쳤어.
○ 회사원 : 예, 다 돼 갑니다.
○ 옷가게 주인 : 어머! 언니한테 딱이네. 완전 맞춤복이야.
○ 남대문 상인 : 이거 밑지고 파는 겁니다.
○ 정치가 : 단 한 푼도 받지 않았습니다.
○ 교장 선생님 : (조회시간에) 마지막으로 한 마디만 간단히 하
겠습니다.
○ 간호사 : 이 주사는 하나도 안 아파요.
○ 연예인 : 우리는 그냥 친구 사이일 뿐입니다.
○ 선생님 : 이것은 꼭 시험에 나온다!
○ 결혼식 사진사 : 내가 본 신부 중에 제일 예쁜데요.
○ 비행기 조종사 : 승객 여러분, 아주 사소한 문제가 발생했습
니다.
○ AS 기사 : 이런 고장은 처음 봅니다.
○ 수석합격생 : 잠은 충분히 자고, 학교 공부만 충실히 하겠습

니다.

○ 중국집 주인 : 아이고, 음식 갖고 금방 출발했습니다.

○ 신인 배우 : 외모가 아니라 실력으로 인정받고 싶습니다.

○ 사장 : 우리 회사는 바로 사원 여러분의 것입니다.

○ 노동자 : 내일 당장 때려치워야지!

남자친구와 골키퍼

달숙이는 나이가 차도록 남자친구 하나 없이 고민하고 있었다. 어느 날 달숙이는 남자에게 인기가 많은 숙희를 만나서 졸랐다.

"남자친구 한명만 내게 소개해 줘."

숙희는 매정하게 거절했다.

"안돼. 내 친구들은 다 커플이야."

"그러지 말고 한명만 해주라."

"없는 것을 어떻게 해주냐?"

화가 난 달숙이가 외쳤다.

"야! 골키퍼 있다고 골 안 들어가냐?"

그러자 숙희가 가소롭다는 듯 대답했다.

"야! 골 들어갔다고 골키퍼 바꾸냐?"

여자 카사노바와 운동선수

싫어하는 운동선수

1. 달리기(100m)선수 : 10초로도 안돼 끝낸다.

2. 축구선수 : 90분 동안 문전만 맴돌다 겨우 한두 번만 성공
한다.

3. 골프선수 : 겨우(?) 18번 하면서 초보는 100번 이상, 프로도
70번 정도 허우적거린다.

4. 레슬링(그레코로만형)선수 : 상체만 더듬고 허리 아래는 신
경도 안 쓴다.

5. 야구선수 : 맨몸으로 하지 않고 나무나 알루미늄 방망이(?)
를 사용한다.

좋아하는 운동선수

1. 마라톤선수 : 한번 시작하면 2시간 이상은 보장한다.

2. 당구(포켓볼)선수 : 넣는 데는 귀신이다.

3. 농구선수 : 덩크슛 할 때는 온몸이 떨린다. 짜릿하다.

4. 양궁 · 사격선수 : 내가 원하는 장소를 정확히 안다.

5. 권투선수 : 길게, 짧게, 위로, 아래로, 결국 다운까지 시킨다.

성형수술

○ 수술하고 싶을 때

1. 내 눈과 단춧구멍이 구분이 안 될 때

2. 소나기가 내렸는데 코에 빗물이 들어갈 때

3. 면접 보러 갔더니 면접관들이 먼 선만 보며 질문할 때

○ 수술한 것을 후회할 때

 1. 남자친구에게 성형 수술했다고 고백했더니 돈벌어서 다시 해준다고 할 때

 2. 돈들여 수술하고 나이트클럽에 갔는데 '물 흐린다'고 쫓겨날 때

 3. 눈·코·입 모두 수술했는데 10년 만에 만난 친구가 나를 알아볼 때

친구

  옛날 유럽에서 십자군 전쟁에 나가게 된 한 기사가 친한 친구를 불러 열쇠를 내밀며 말했다.

  "아내의 정조대 열쇠라네. 내가 돌아오지 않으면 자네가 이 열쇠를 쓰게."

  친구는 한사코 거절했다.

  "미안하지만 그럴 수 없네."

  "아니, 내 아내가 싫은가?"

  친구는 기사의 어깨를 붙잡고 말했다.

  "벌써 그 열쇠를 써 봤는데 잘 안 맞더군. 맞는 열쇠를 주게."

변해가네

(이등병 때)

부모님 전상서

북풍한설 몰아치는 겨울날 불초소생 문안 여쭙니다.

저는 항상 배불리 먹고 잘 보살펴주는 고참들 덕분에 잘 지내고 있습니다. 걱정하지 마시고 대한의 씩씩한 남아가 되어 돌아갈 때까지 잘 지내십시오.

(엄마의 답장)

사랑하는 아들에게

군대 가고 소포로 온 네 사복을 보고 밤새 울었다.

추운 날씨에 우리 막둥이 감기나 안걸리고 생활하는지 이 엄마는 항상 걱정이다. 집안은 모두 편안하니 걱정하지 말고 씩씩하게 군생활 하길 바란다.

(일병 때)

어머니에게

열라 빡쎈 훈련이 얼마 안 남았는데 어제 무좀 걸린 발이 도져서 걱정입니다. 군의관에게 진료를 받았더니 배탈약을 줍니다.

용돈이 다 떨어졌는데 보내주지 않으면 옆 관물대를 뒤질지도 모르겠습니다.

(엄마의 답장)

아들에게

휴가 나와서 네가 쓴 용돈이 때문에 한 달 가계부가 정리가 안된다.

그래도 네가 잘 먹고 쉬고 돌아가는 모습을 보니 기분은 나

쓰지 않구나. 다음번 휴가 나올 땐 미리 알려주기 바란다. 돈을 모아놔야 하거든.

그리고 군복 맞추는 값은 입금시켰으니 좋은 걸로 장만해라. (아빠 군대 때는 그냥 줬다는데……)

(상병 때)

엄마에게

왜 면회를 안 오는 거야!

어제 김 일병 엄마는 먹을 거 잔뜩 사들고 와서 내무실에 풀고 외박 나가서는 회도 먹었다더라. 엄마는 어떤 땐 내 친엄마가 아닌 것 같아. 투덜투덜…….

(엄마의 답장)

아들아! 수신자 부담 전화는 그만하기 바란다. 어째서 너는 군생활을 하면서 전화를 그렇게 자주 할 수 있는지 모르겠다. 그리고 무슨 놈의 휴가는 그렇게 자주 나오냐.

누굴 닮아 저 모양이냐고 어제는 아빠와 둘이 피터지게 싸웠다. 내가 이겨서 너는 아빠를 닮은 것으로 결정 났다.

(병장 때)

보내준 무쓰가 다 떨어졌으니 하나 더 보내줘. 헤어스타일이 영 자세가 안 잡혀.

어제는 내가 몰던 탱크가 뒤집어져서 고장 났는데 내가 고쳐야 된대.

엄마 1백만 원이면 어떻게 할 수 있을 것 같은데.

(엄미의 답장)

너 보직이 PX병이란 진실을 이제 알아냈다. 그동안 탱크 고치는 데 가져간 돈 좋은 말 할 때 반납하기 바란다.

가정형편이 어려우니 말뚝 박아서 생활해 주면 좋겠다. 네가 쓰던 방은 어제부터 옷방으로 쓰고 있다.

벌써 26개월이 다 지나간 걸보니 착잡하기 그지없다.

당신은 살거요

어느 큰 병원에서 아침 회진을 하고 있는 의사를 붙들고 환자가 말했다.

"의사 선생님 저의 병에 대하여 가르쳐 주십시오. 딴 의사 선생님들은 다른 의견을 가지고 있는 것 같은데요. 사실을 말해주십시오."

의사왈.

"잘 들어 보십시오. 그 병은 생존할 수 있는 확률이 10분의 1이라고 해요. 하지만 당신은 틀림없이 살아남을 겁니다."

"어째서요?"

그러자 의사가 설명했다.

"그건 말이요. 그 병에 걸린 환자가 나의 치료를 받고서 지금까지 9명이 죽었기 때문이지요."

남편 자랑

어느 날 세 여자가 대화를 나누고 있었다.

첫 번째 여자가 먼저 자기 남편 자랑을 늘어놓았다.

"우리 남편은 공장 감독관인데, 그 밑에 10명이 있답니다."

두 번째 여자가 치지 않고 말했다.

"우리 남편은 군인인데, 그 밑으로 1백 명이 있지요."

세 번째 여자가 가소롭다는 듯이 말했다.

"그래요? 우리 남편 밑에는 적어도 5천명이 있어요."

놀란 두 여자가 말했다.

"무슨 일을 하시는데요?"

세 번째 여자가 태연하게 말했다.

"공동묘지에서 잔디 깎는 일을 한답니다."

천국에서 보낸 편지

해군에 입대한 사병의 노모가 울면서 민원 상담실에 와서 계원에게 말했다.

"우리 아들이 전사를 했다우. 마음씨 착하고 튼튼한 아들이었는데…… 난 앞으로 어떻게 살지 막막하우."

"정말 안되셨군요. 해군에서 전사 통지서가 왔나요?"

"아니라오. 오늘 그 애에게서 편지가 왔는데 '어머니 지중해를 지나 나폴리에 왔습니다. 여기는 천국입니다'라고 적혀있지 않겠어요?"

모든 것에는 이유가 있다!

· 결혼은 '판단력' 부족으로 인해,

· 이혼은 '인내력' 부족으로 인해,

· 재혼은 '기억력' 부족으로 인해 이뤄진다.

죽은자와의 대화

어느 유명인사가 신문을 보다가 부음 란에 자신의 이름이 적혀있는 것을 보고는 무척 화를 냈다.

그래서 그는 그 신문사에 전화를 걸어 단단히 따지기로 했다.

"여보세요. **일보입니다."

난 당신들 신문의 부음 란에 실린 사람이오."

"어머나! 그러세요? 실례지만 성함이 어떻게 되세요?"

"김○○이오."

그 유명인사는 계속되는 질문에 대답을 해주고는 미처 사과도 받지 못하고 전화를 끊었다.

다음날 배달되어온 신문을 보던 그 유명 인사는 깜짝 놀랐다.

〈특보! 사자(죽은자)와의 단독 인터뷰〉

노무현 당선자 말의 변화

○ 1980년대 5공 청문회

(강하게 추궁하는 목소리로) 맞습니까 안 맞습니까?

○ 2003년
(부드러운 목소리로)맞습니다. 맞꾸요~!

긴장해서

철수가 어느 회사에 면접을 보러갔다.
정성들여 적은 이력서를 갖고 면접에 임했는데 시험관이 이력서를 조목조목 보며 물었다.
"비상 연락처가 안 적혀 있군요. 비상시 연락처가 어디입니까?"
그러자 철수 왈,
"119요!"

어느 환자

정신병자를 잘 치료하는 유명한 병원에 한 환자가 찾아왔다.
"어떤 증상 때문에 이곳에 오셨죠?"
저는 자꾸 이상한 생각을 하게 됩니다.
"무슨 생각을 하는데요?"
제가 꼭 소 같다는 생각을 하게 됩니다.
"언제부터 그런 생각이 들기 시작했지요?"
"송아지 때부터요."

엽기토끼!

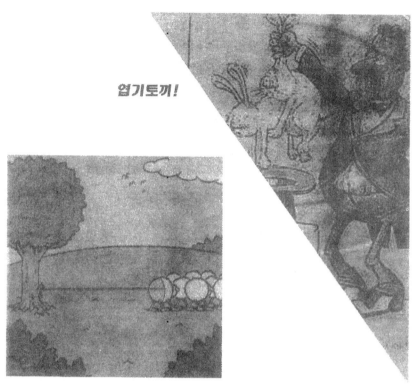

일났군!

밑천 떨어질 뻔!

개가 해석한 개에 관한 속담

o 하룻강아지 범 무서운 줄 모른다.
 -개의 타고난 용맹성
o 서당개 삼년이면 풍월을 읊는다.
 -개의 우수한 지능.
o 닭 쫓던 개 지붕 쳐다본다.
 -어떤 일을 망치더라도 좌절하지 않고 높은 곳을 바라봄.
o 도둑을 맞으려면 개도 안 짖는다.
 -개에게 밥을 제때 안 주면 화를 입게 됨.
o 달 보고 짖는 개.
 -개에게도 감수성이 존재한다.
o 무는 개는 짖지 않는다.
 -말보다 행동이 앞서는 개.
o 복날 개 패듯이.
 -억세게도 재수가 없음.
o 지나가던 개가 웃겠다.
 -어디서든지 웃을 수 있는 착한 천성.
o 개도 먹을 때는 안 때린다.
 -개들은 먹을 때 예민해짐.
o 개밥에 도토리, 죽 쑤어서 개 좋은 일 시켰다.
 -기다리지도 않던 복이 찾아 들어옴.
o 개 팔자가 상팔자, 풍년 개 팔자.

-주인 잘 만난 개를 부러워하는 말.
○ 개똥에 굴러도 이승이 좋다. 개똥도 약에 쓰려면 없다.
 -개똥의 유용함.
○ 개도 나갈 구멍 보고 쫓으랬다. 제집 개도 밟으면 문다.
 -개의 성깔 있음을 지칭.

기인열전

오래전에 TV에서 본 일이다.

경북대학교에 떡진 긴 머리에 누더기를 입고 삐쩍 마른 몸을 가진 기인이 항상 학교 벤치에 앉아 뭔가를 중얼중얼하고 있었다.

그 사람은 그 학교 법학과 출신이라는 것이다. 그러나 법학과 학생들은 그것을 극구 부인했고 행정과 학생이라고 했다. 행정과에서도 결코 그 사람은 우리 선배가 아니라면서 법학과가 맞다고 한다.

그렇다면? 이 사람은 대체 누구인가?

그 모든 열쇠를 쥔 기인이 등나무 그늘에 나타나자, 제작진은 조심스레 기인에게 다가가 묻는다.

"여기서 뭐하시고 계세요?"

기인이 입을 열었다.

"경복궁에 왕실의 기운을 느끼러 왔습니다."

당황한 제작진.

"여기서 뭐하시고 계세요?"

기인이 입을 열었다.

"경복궁에 왕실의 기운을 느끼러 왔습니다."

당황한 제작진.

"여······여긴 경북대학교인데"

그러자 기인의 목소리가 상당히 얼빵하게 변하더니

"네에? 여기 경복궁 아니예요?"

그리고 그 기인은 홀연히 사라졌다.

설에 들은 내 이야기

이번 설날에 외가에 갔다가 어머니에게서 내 어릴 적 이야기를 들을 수 있었다.

어릴 적에 유난히 오락을 좋아하던 나는 이웃에 살던 이모가 하루는 1만 원짜리를 호주머니에 넣어둔 채 웃옷을 벗어 두고 밖으로 나간 걸 목격했다는 것이다.

1만 원짜리를 본 나는(물론 전혀 기억도 안 나지만) 몰래 호주머니에서 이모의 1만원을 빼서 오락실로 달려갔고, 거기서 100원어치 오락을 한 후 9,900원을 호주머니에 다시 넣어 두었다.

이모가 돌아와서 돈이 9,900원이 있자, 나의 소행인 줄 알고 어머니에게 얘기한 것이다.

"어니, 준혁이가 돈을 100원 빼가고 9,900원 남겨 놨네. 혼내 줘야겠어!"

어머니는 바로 날 붙잡아다가 흠씬 두들겨 주었고, 나는 엉엉 울면서 이렇게 얘기하더란다.

"어엉, 근데 정말 이모는 머리도 좋아. 1만원에서 100원밖에 안 썼는데 어떻게 안 거야? 엉어엉~"

온 가족이 웃음바다가, 난 바보가 되고…….

기억도 안 나는 어린 시절의 이야기였습니다.

딱 두 번

신혼여행을 떠난 한 부부가 첫날밤을 치렀다.

사랑을 나눈 후 신랑이 심각한 표정으로 신부에게 물었다.

"자기, 혹시 다른 남자하고 관계가 있었던 거 아니야?"

신부는 펄쩍 뛰며 부인했다.

"아니, 어떻게 저에게 그런 말을 할 수 있어요?"

신랑은 대범한 척 웃으며 신부를 설득했다.

"괜찮아. 요즘 과거가 없는 사람이 어디 있어."

신랑의 감언이설에 깜빡 속은 신부가 솔직하게 속내를 털어 놓기 시작했다.

"사실 딱 두 번 했어요."

"어떤 남자랑?"

신부의 대답을 들은 신랑은 그만 까무러치고 말았다.

"처음에는 축구팀이었고 두 번째는 오케스트라."

밝히는 개구리

어떤 남자가 술집에 개구리를 들고 들어왔다. 술집에 있던 한 여자가 인상을 쓰며 남자에게 물었다.

"왜 그런 징그러운 짐승을 데려왔죠?"

남자는 웃으면서 대답했다.

"이 개구리는 여자를 엄청 밝히거든요. 이놈하고 지낸 여자들은 그 순간을 잊지 못한답니다."

여성은 호기심 어린 표정으로 다시 물었다.

"정말요? 그럼 증명 해봐요!"

두 사람은 바로 호텔로 갔다. 남자는 개구리를 침대에 놓고 말했다.

"자, 시작해!"

하지만 개구리는 꼼작도 하니 않고 가만히 있는 것이 아닌가. 남자가 다시 소리쳤다.

"자, 시작하라니까!"

개구리는 여전히 꼼짝도 하지 않고 눈만 끔뻑였다. s마자는 체념한 듯 여자의 손을 침대로 잡아끌며 말했다.

"그동안 200번이나 시범을 보여줬는데 아직도 모르겠나? 한 번만 더 보여줄 테니 잘 봐!"

사랑을 나눌 때 남자는

○ 20대 성냥불 : 슬쩍 대기만 해도 불이 붙지만 금방 꺼진다.
○ 30대 성냥불 : 화력이 좋다.

○ 40대 성냥불 ; 붙이기는 어렵지만 은근히 오래간다.
○ 50대 성냥불 : 빨대만 화력이 좋다.
○ 60대 성냥불 : 불도 아는 게 불인 척한다.

아버지 왜 그러십니까

하루는 집에 돌아와 보니 아버지가 깡통 뚜껑을 열심히 따고 계셨다.

나는 깡통에 그려져 있는 개 그림을 보고 우리집 강아지 영심이에게 주려는 것인 줄 알았다.

그런데 옷을 갈아입고 나오자 아버지가 그것을 먹고 있는 것이 아닌가.

놀란 나는 "아버지 그걸 왜 드시는 거예요?"라고 물었다. 그러자 아버지는 이렇게 대답했다.

"이거 개고기 통조림 아니냐? 정말 맛있어. 너도 주랴?"

엽기적인 이름들

1. 신촌의 깨는 술집 : sul.zip
2. 종로에 가면 꼭 먹어야 하는 밀면 : 거시기 밀면
3. 냉면 먹기 거북한 집 : 피바다 냉면
4. 엽기적인 양념치킨 집 : 위풍닭닭
5. 엽기적인 횟집 이름 : 광어 생각

6. 엽기적인 돼지 갈빗집 이름 : 돈 내고 돈 먹기

7. 인천의 생고기 전문점 : 마니 머거도 돼지

8. 엽기적인 떡가게 이름 : 복(福) 떡 방

9. 엽기적인 치킨호프집 이름 : 쏙닭쏙닭

10. 성균관대 근처 화장품가게 이름 : 미의 비밀은 화장빨

11. FILA의 짝퉁 시리즈 : FILE · FIFA(글씨체 FILA와 동일)

12. 엽기적인 쥐약 이름 : 마우스 프랜드

13. 엽기적인 뷔페 이름1 : 부정부패

14. 엽기적인 뷔페 이름2 : 동방부페

15. 엽기적인 뷔페 이름3 : 라면군과 우동군, 그리고 김방양의 삼각관계

한 공처가의 18행시

일어나서
이런 여자의 얼굴을 보며 하루를 시작한지가
삼년이 지났다.
사귀기만 했으면 좋으련만, 이렇게 결혼까지 해서
오랫동안 함께 살게 될줄이야.
육신이 고달파도 할수 없지.
칠거지악이 있어 조선시대처럼 내쫓을 수도 없고
팔팔한 마누라 덩치를 보면 작아지기만 하는 내 모습.
구천을 헤매는 귀신은 무하느라 이런 걸 안 잡아가는지
십년 감수할 일 생길 까봐 매일 몸사리며 살아왔다.

십일조를 바치고 기도해도 이 여자는 날 가만두지 않을 테지.

시비걸고 밥상 차려오라 하면 때리고

'십삼일의 금요일'처럼 무서운 날이 1년 365일이다.

쉽사리 도전장을 내밀 수도 없고

십오야 밝은 달을 보며 한탄만 하는 이내 신세야.

십육일 동안 내공 쌓으면 이 여자에게 이길 수 있을까 덤볐다가

십칠 리를 도망치고 붙잡힌 불쌍한 인생 ×× , so 신세는 왜 이리 처량한지! 오늘도 눈물만 흐른다.

치열 교정기를 끼우는 이유

영자는 아주 예쁜 딸을 두고 있다. 하루는 영자가 딸을 데리고 치과를 찾았다.

"우리 딸에게 치열 교정기를 끼워주세요."

치과의사가 조심스럽게 살펴본 후 물었다.

"이에 아무 문제가 없는데 교정을 할 필요가 있나요?"

영자는 막무가내로 우겼다.

"좌우지간 끼워주세요."

의사가 다시 물었다.

"아니 왜요?"

영자가 한숨을 쉬며 말했다.

"그거라도 있어야 사내 녀석들이 덜 덤벼들 테니까요."

정신 차린 선배

지방의 한 대학에 입학한 선배가 있었습니다. 대학에 들어간 지 몇 년이 훌쩍 지나 버린 어느 날.

그 선배가 수학능력시험을 본답시고 학교에 찾아왔다.

선생님은 '이제 정신 차리고 공부해서 더 나은 학교에 가려나 보다'고 생각했습니다.

그런데 실은 전혀 그게 아니었다.

선배가 선생님에게 말하기를, "군대에 갔다 왔더니 학교가 없어졌어요."

물은 영어로 뭐야?

일곱 살과 다섯 살 난 형제가 병원에 와서 자기 차례를 기다리면서 나눈 이야기랍니다.

동생 : 형, 사자가 영어로 뭐야?

형 : 라이언이야.

동생 : 그럼 호랑이는 영어로 뭐야?

형 : 바보야! 타이거지.

동생 : 그럼 물은 영어로 뭐야?

그러자 형이 정수리를 향해 손짓하면서,

형 : 물은 셀프잖아.

담배와 심리

○ 화남 : 담배를 거꾸로 물고 필터에다 불을 붙였을 때.

○ 짜증 : 담뱃불을 침으로 끄려고 침 뱉는데 안 맞을 때.

○ 황당 : 담뱃불을 붙이다가 앞머리가 타서 탄내가 날 때.

○ 당황 : 앞머리에 붙은 불이 머리위로 타 올라갈 때.

○ 습관 : "내일부터 진짜 담배 끊는다"는 말(오늘만은 마음껏).

○ 비참 : 친구들끼리 쭈그리고 앉아서 한 개비 나눠 피울 때(한 모금만 빨아, 두 모금 빨면 죽어).

○ 비통 : 돗대를 피우는데 옆구리가 터져서 잘 안 빨릴 때.

○ 허탈 : 라이터도 없는데 재 털다가 총알 떨어질 때.

○ 한탄 : 담배 넉넉한테 길바닥의 장초가 유혹할 때(습관 나오네 이거).

○ 회상 : '중딩'들이 골목에서 담배를 피우는 거 볼 때(아무리 빨라도 난 고딩 때 인데).

○ 기쁨 : 돗댄 줄 알았는데 쌍대일 때.

○ 망신 : 꽁초를 줍다 걸렸을 때(아이 부끄러워)

○ 배신 : 꽁초를 주워 피우는 것을 끝까지 다 지켜보고 담배를 산 놈.

좋은 소식과 나쁜 소식

대학생인 맹구가 어느 날 자기 오른쪽 다리가 퍼렇게 변해 있는 것을 알았다. 깜짝 놀란 맹구는 병원을 찾았다. 의사가 심각한 얼굴로 맹구에게 말했다.

"다리를 잘라야겠습니다."

다리 절단수술을 받은 지 1개월이 지난 뒤 맹구는 왼쪽 다리도 퍼렇게 변해 있는 것을 알았다. 다시 병원을 찾아 절단수술을 받았다. 2개월이 지났다. 맹구는 '남성'마저도 퍼렇게 변해 있는 것을 알았다. 다시 병원을 찾아 절단수술을 받았다. 1개월이 지났다. 맹구는 '남성'마저도 퍼렇게 변해 있는 것을 발견했다. 병원을 찾은 맹구가 겁에 질린 목소리로 물었다.

"자르는 것말고는 방법이 없나요?"

의사가 오랫동안 진찰을 하더니 맹구에게 말했다.

"좋은 소식과 나쁜 소식이 있습니다."

"좋은 소식이요?"

"그것을 자르지 않아도 된다는 겁니다."

맹구는 뛸 듯이 기뻐하며 다시 물었다.

"그러면 나쁜 소식은요?"

잠시 뜸을 들인 의사가 대답했다.

"그 파란색의 정체가 청바지에서 빠진 물이라는 사실입니다."

나도 혼자요

한 바람둥이가 고해성사를 했다.

"신부님, 어제 여자친구의 집에 갔다가가 그의 여동생이 혼자 있기에 사랑을 나누고 말았습니다."

"형제여, 잘못을 뉘우치면 용서받을 수 있습니다."

"신부님, 지난주에는 여자친구 회사에 갔다가 동료 여직원이 혼자 있기에 사랑을 나눴습니다."

"형제여, 회개합시다."

"신부님, 지난달에는 여자친구 외삼촌집에 놀라갔는데 그의 외숙모가 혼자 있기에 사랑을 나눴습니다."

갑자기 신부가 더 이상 대답을 하지 않았다.

깜짝 놀란 바람둥이는 고해실 밖으로 나왔다.

바람둥이는 성당 한쪽에 숨어 있는 신부를 발견했다.

"신부님, 여기서 뭐하시는 겁니까?"

신부가 떨리는 목소리로 대답했다.

"형제여, 갑자기 이 성당에 나 혼자밖에 없다는 사실을 깨달아서……."

비디오방에서 볼 수 있는 커플들

1. 비디오 고르는 데 반나절 걸리는 커플 : 비디오방에 왔으면 재미있고 유익한(?) 비디오를 골라서 볼 것……

2. 오자마자 1초 만에 아무거나 고르는 커플 : 늦게 고르다가 남의 눈에 안 띄는 구석진 명당자리를 놓치기 십상이다.

3. 비디오 제목은 안 보고 상영시간만 보는 커플 : 비디오방 이용료가 얼마인데 짧게 보고 나가겠는가!

4. 갔던 비디오방만 계속 가는 커플 : 주인아저씨와 얼굴을 익혀둬서 명당자리 예약은 물론 보너스까지 받는다.

5. 고개 숙인 커플들 : 하고 나왔는지 뻔히 아는데도 방에서 나온 후 제대로 쳐다보지도 않고 나간다.

6. 기웃 커플 : 다 알면서 옆칸 양쪽의 동태를 살핀다.

7. 저돌적인 커플 : 다 들리는 방인데도 안하무인격으로 사랑을 나눠서 지나가는 사람을 무안하게 만든다.

전교 1등

전교생이 2명인 학교가 있었다. 어느 날 두 학생은 수업 중 장난을 치다가 선생님께 들켰다. 선생님은 이렇게 아이들을 꾸짖었다.

"전교에서 1·2등 한다는 것들이!"

헛수고

한 열대 지방에서 과부들만 사는 마을이 있었다.

어느 날 지나가던 한 청년이 발을 헛디뎌 악어가 사는 강에 빠졌다.

청년은 죽을힘을 다해 헤엄쳤지만 결국 악어에게 물리고 말았다.

"살려주세요!"

과부들이 청년의 외침을 듣고 몰려나와 악어를 쫓았다.

물 밖으로 나온 청년에게 한 과부가 물었다.

"어디 다친 데는 없나요?"

"악어에게 다리를 물렸어요."

다른 과부가 초조하게 다시 물었다.

"어느 쪽 다리인데요?"

청년은 거친 숨을 몰아쉬며 말했다.

"가운데요."

과부들이 흩어지며 말했다.

"에이! 괜히 시간만 낭비했잖아."

비밀은 없어

한 꼬마가 친구에게 흥미로운 사실을 들었다.

"야, 어른들은 비밀이 꼭 한가지씩은 있거든. 그것을 이용하면 용돈을 많이 벌 수 있어."

꼬마는 집에 돌아가 엄마에게 시험 삼아 말했다.

"엄마, 나는 모든 비밀을 알고 있어."

놀란 엄마가 꼬마에게 만원을 주면서 말했다.

"애야, 그 사실을 아빠에게 절대로 말해선 안 된다."

꼬마는 저녁이 되자 퇴근한 아빠에게 말했다.

"아빠, 나는 모든 비밀을 알고 있어."

아빠는 꼬마를 조용히 방으로 데려가 2만원을 주며 말했다.

"너, 엄마에게 말하면 안 된다."

계속 용돈이 생기자 신이 난 꼬마는 다음날 우편배달부 아저씨에게 말했다.

"아저씨, 나는 모든 비밀을 알고 있어요."

그러자 우편배달부는 눈물을 글썽이며 말했다.

"그래, 언젠가 이날이 올 줄 알았다. 어서 이리와 아빠에게 안기려무나."

빨기는 해

한 보건소 앞에서 윤락녀들이 성병검사를 받으려고 줄을 서 있었다. 지나가던 할머니가 보고 무슨 일인지 물었다. 한 윤락 녀가 장난삼아 말했다.

"사탕 나눠주는 줄이에요."

할머니는 사탕이 먹고 싶어 줄을 섰다. 할머니를 보고 보건소 직원이 물었다.

"할머니, 여기는 무슨 일로 오셨나요?"

그러자 할머니가 말했다.

"내가 이가 없어 씹지는 못해도 빨기는 해!"

그럼 내가?

고등학생인 영자가 엄마와 함께 TV를 보고 있었다. TV에서 성형수술에 관한 뉴스가 나오자 영자가 혼잣말을 했다.

"10개월 동안 뭐 빠지게 고생해서 낳은 자식이 저렇게 못생 기면 얼마나 속상할까?"

그 말을 들은 영자 엄마가 영자를 빤히 쳐다보더니 말했다.
"이제, 내 마음을 알겠느냐?"

아내가 카센터에 입원했다?

철수는 아내 영희가 입원해 있는 산부인과에 전화를 건다는
것이 실수로 고장 난 차를 맡긴 카센터에 걸고 말았다. 철수는
카센터 주인을 산부인과 의사로 생각하고 얘기를 나눴다.
"상태가 어떻습니까?"
"조금 심하게 타셨더군요."
"예, 부끄럽습니다."
카센터 주인은 자신 있는 목소리로 말했다.
"걱정 마세요. 훨씬 더 망가진 경우도 많이 봤으니까요. 조금
만 고치면 됩니다."
철수는 이상한 생각이 들었지만 다시 물었다.
"그래요? 제가 안 가도 될까요?"
"직접 오실 필요는 없고, 제가 한두 번 더 타보고 연락드리겠
습니다."
깜짝 놀란 철수가 큰소리로 물었다.
"네? 타본다고요?"
그 말을 들은 카센터 사장은 아무렇지도 않게 대답했다.
"왜요, 제가 좀 타보면 안 됩니까?"

"죄송합니다만 라라비씨는
테러리스트와는 협상하지
않으시겠습니다."

"글자를 읽을 줄 몰라서 그렇지
눈은 정상입니다.

오이가 낳은 아이

한 중년부부가 밤늦도록 뜨겁게 사랑을 나누고 있는데 갑자기 번개가 쳤다. 순간 방안이 환해지자 무엇인가를 본 아내가 깜짝 놀라 남편에게 물었다.

"그게 뭐예요?"

남편이 길쭉한 오이를 들고서 있지 않은가. 아내는 실망스럽다는 표정으로 말했다.

"불능인 주제에 오이로 20년 동안 나를 속였군요! 너무해요!"

그 말을 들은 남편이 오히려 더 화를 냈다.

"속인 것은 당신도 마찬가지잖아!"

아내는 어이없다는 표정으로 남편에게 물었다.

"도대체 내가 뭘 속였다는 거죠?"

남편은 손에 든 오이를 아내의 눈앞에 들이대며 말했다.

"당신은 내 아이를 5명이나 낳았잖아!"

엽기 할머니

경찰이 속도위반 차량을 잡고 있었다.

너무 느리게 달리는 차가 있어 그 차를 세웠다.

차 안에는 할머니 네 명이 타고 있었다.

운전하는 한명만 빼고 나머지 세 명은 뒷자리에 앉아서 다리와 손을 부들부들 떨고 있었다.

경찰이 할머니에게 말했다.

"'할머니, 그렇게 느리게 달리면 안돼요."
"이상하다. 분명 20이라고 써 있던데. 그래서 20km로 달렸는데 무엇이 잘못됐나?"
"그것은 국도 표시예요. 여기가 20번 국도거든요."
"아~ 그래."
"다른 사람들은 왜 손발을 부들부들 떠나요?"
"그 전에 186번 국도를 탔거든."

L양의 충격고백

첫 번째 남자는 나를 너무 아프게 했다.
두 번째 남자는 나를 반 죽여 놓다시피 했다.
세 번째 남자는 "이렇게 해라, 저렇게 해라" 주문이 많았다.
네 번째 남자는 처음 보는 기구까지 사용했다.
다섯 번째 남자는 무조건 벌리라고만 했다.
여섯 번째 남자는 벌려진 그곳을 이리저리 구경했다.
그리고 지금 이 남자는 매우 섬세하고 자상하다.
제발 이 남자가 마지막이 되길 바랄 뿐이다.
치과에서 L양이 …….

성수와 양치질

처녀 4명이 죽어서 하늘나라로 갔다. 천국의 문 앞에서 한 천사가 그들을 심판했다.

"진정한 처녀만이 천국에 들어갈 수 있다."

천사가 첫 번째 처녀에게 물었다.

"남자의 '그것'을 만져본 적이 있느냐?"

처녀는 울면서 대답했다.

"예, 딱 한번 건드려 봤습니다."

"울지 말거라. 저 옆에 보이는 성수에 손을 씻고 천국으로 가거라."

천사는 두 번째 처녀에게도 똑같은 질문을 던졌다.

두 번째 처녀 역시 울면서 "딱 한번 만져봤습니다"라고 말했다.

천사는 이번에도 "울지 말고 성수에 손을 씻으라"고 말했다.

천사가 세 번째 처녀에게 같은 질문을 하려는 순간 갑자기 네 번째 처녀가 외쳤다.

"잠깐만요!"

네 번째 처녀가 어안이 벙벙한 천사에게 말했다.

"천사님, 손을 씻기 전에 먼저 양치질하면 안될까요?"

절박한 상황

어떤 아줌마가 친구랑 버스정류장에서 버스를 기다리고 있었다.

그런데 버스가 오는 줄도 모르고 친구랑 얘기를 하다가 뒤늦게 버스를 발견하고는 마악 뛰어가서 버스를 타려고 했으나 버스 문이 다치고 있어서 머리가 끼이고 말았다.

버스 운전사와 버스 승객들 모두 당황해서 '저걸 어떻게 해!' 라고 생각하고 있는데, 그 순간 머리 끼인 아줌마의 너무나 절박한 심정의 한 마디……;

"아저씨! 이 버스 ○○시장 가요?"

오류(미팅버전)

○ **인** : 언제나 참석하는 미팅자리에 어김없이 폭탄들만 나오지만 한 번쯤 킹·퀸카들 만나리라는 마음을 가지니 이것을 '인'이라 한다.

○ **의** : 폭탄 중의 폭탄, 핵폭탄을 발견하고 핵폭탄과 함께 조용히 사라져주어 남은 사람들의 분위기를 화기애애하게 해줄 줄 아니 이것을 '의'라 한다.

○ **예** : 생각지도 못한 폭탄에 정신적인 충격이 아무리 크다할지라도 폭탄의 상처받음을 생각해주어 커피값 정도는 내 주어야 하니 이것을 '예'라 한다.

○ **지** : 폭탄의 애프터 신청을 잘못 받으면 평생 코가 꿰일 수 있음을 상기하고 '나 내일 이민가'라고 거짓말할 줄 알아야 하니 이것을 '지'라 한다.

○ **신** : 비록 친구가 폭탄만을 소개시켜 줄지라도 그 친구에게 폭탄을 소개하여 폭탄의 아픔을 함께 느끼니 이것을 '신'이라 한다.

오륜(술자리버전)

○ **인** : 옆자리에 술친구 없이 혼자 쓴 술잔을 들이켜야할 때도 있으니 술잔을 친구 삼아 술을 마실 줄 앎을 '인'이라 한다.

○ **의** : 술을 잘 마시지 못할지라도 여러 사람의 분위기를 고려하여 다시 뱉어내는 한이 있더라도 수잔에 입을 맞추니 이것을 '의'라 한다.

○ **예** : 옆 친구가 나의 바지에 오바이트를 하더라도 친구의 띵한 머리와 쓰라린 속을 헤아려 등을 두드려 줄 수 있으니 이것을 '예'라 한다.

○ **지** : 한 잔만 더 들어가면 자신은 개가 되어버림을 상기하고 이쯤에서 '이제~ 그만~'하고 말할 수 있어야 하니 이것을 '지'라 한다.

○ **신** : 술맛이 쓰다 할지라도 안주의 유혹을 뿌리치고 한 잔에 안주 한 개씩만 집어 먹어야 하니 이것을 '신'이라 한다.

조폭의 데이트

무식하고 흉악하게 생긴 조폭 두목이 교양있게 자란 부잣집 아가씨를 만나게 되었다.

그녀는 오페라를 좋아하여 그에게 보러 가자고 졸랐다.

조폭 두목은 그녀를 위해 세종문화회관으로 오페라를 보러갔다.

한참 졸린 눈에 쌍까풀이 생기도록 힘을 주고 있던 참에 전화벨이 울렸다.

조폭두목 : (작은 소리로) 여보세요…….

조폭졸개 : 형님 접니다요. 지금 어디십니까요 형님.

조폭두목 : 나 지금 문화회관이다.

조폭졸개 : 침묵(숨소리가 심상치 않다.)

이윽고…….

조폭 졸개 : 형님 무쟈게 섭섭합니다요. 저두고기 무지 좋아합니다요!

옛애인

대학시절 사귀었던 두 남녀가 중년이 되어 동창회에서 만났다.

남자가 안부를 물었다.

"어떻게 지내?"

"좋은 소식과 나쁜 소식이 있어."

"나쁜 소식이 뭔데?"

"얼마 전에 난관수술을 했어."

"저런, 지금은 괜찮아?"

"응."

"그럼 좋은 소식은 뭐야?"

"너 학교 반지 잃어버렸잖아, 수술 중에 찾았어."

로또 중독 자가 진단법

○ 책상위에 숫자 적힌 종이가 널려 있다.(확률과 통계의 대가가 되어감)

○ 서랍 속에 로또 OMR 용지가 한 묶음 있다.

○ 토요일 오후 8시 45분 추첨 방송을 보기 위해 저녁 약속을 취소한다.

○ 애완견 이름을 로또라고 부른다.

○ 포커, 고스톱도 6장으로 친다.

○ 꿈에서 숫자가 보인다.

○ 구슬만 보면 흥분이 된다.(바둑알 45개에 숫자 쓰고 고르는 사람도 있음)

○ 로또 천사 송강호 나오는 영화만 본다.

○ 당첨금을 어디에 쓸지 벌써 계획을 다 세웠다.

○ '인생역전' 이란 단어만 들으면 미소가 나온다.

○ 1억원은 돈으로 안 보인다.(카지노에서 2억 5천만 원 잭팟이 터졌다고? 애개개)

○ 복권만 당첨되면 한턱 쏘겠다고 큰소리친다.

○ 직장이나 집 반경 10km 이내에서 로또 파는 곳은 줄줄이 꿴다.

○ 주머니엔 늘 굵은 싸인펜이 두세 개씩 준비돼 있다.

○ 신문이나 인터넷에 복권 기사가 있으면 꼭 찾아서 본다.

○ 당첨자가 없으면 안도의 한숨이 나온다.(다음주에는 내가 되겠지)

○ 줄 서 있는 풍경만 보면 한걸음에 내달리게 된다.

○ 남들이 쓴 숫자를 몰래 곁눈으로 본다.(겹치면 당첨금 줄어드니까)

○ 수십 년 전에 봤던 수학정석 꺼내 순열 조합 공부한다.

○ 용지 앞에 두고 자식한테 숫자 고르게 한다.(아들아, 효도를 부탁해!)

○ 남들한테는 로또를 왜 하느냐고 하고 자기는 몰래 가서 산다.(머리는 말리는데 발이 가는 걸 어떻해)

○ 개꿈 꾸고 필이 왔다면 호들갑 떤다.

○ 이 글을 보면서 실실 웃는다.(왜? 내 얘기거든)

나는 무엇일까요?

1. 낮에도 할 수 있어요.

2. 10cm 이상 되고 딱딱하며 털이 있는 것으로 해요.

3. 꼭 구멍(?) 속으로 넣고 하지요.

4. 상하좌우 많이 움직이며, 많이 움직일수록 좋지요.

5. 보통 3분 이상 하며 그 전에 끝나면 좀더 하라는 말을 듣지요.

6. 하면 할수록 하얀 액체가 많이 생기지요.

7. 세게 하면 피도 나와요.

8. 실수로 하얀 액체를 먹을 수 있으니 조심해야 해요.

9. 하지만 먹으면 찝찝하기도 하고 상큼하기도 하답니다.

10. 나는 무엇일까요?

정답 : **양치질**

터프한 첫날밤

터프한 남자가 신부와 신혼여행을 떠났다.

신랑은 호텔에 도착하자마자 터프하게 신부를 안아들더니 그대로 침대 위에 던졌다. 그런데 웬일인지 신부가 꼼작도 하지 않는 것이 아닌가. 당황한 신랑은 침대 머리맡에 붙은 안내문을 읽고 사색이 됐다.

안내문에는 다음과 같이 적혀 있었다.

"고객 여러분의 성원에 보답코자 침대를 모두 돌침대로 바꿨으니 많은 이용을 바랍니다. 지배인 백."

편의점의 사오정

사오정이 편의점 아르바이트를 하고 있었다. 어느 날 한 여자가 들어와 주위를 살피더니 조용히 말했다.

"저기요, 피임기구 있어요?"

순간 사오정은 피임기구를 '필기구'로 잘못 알아듣고는 이렇게 말했다.

"저쪽 진열대에 있어요."

여자가 진열대를 한참 찾더니 말했다.

"저기는 없는데요?"

"어, 이상하네? 지금 당장 급하세요?"

여자는 당황해서 기어들어가는 목소리로 말했다.

"네……"

그 순간 사오정의 대답을 들은 여자는 놀라서 기절했다.

"그러면 제가 쓰던 거라도 쓰실래요?"

생물학 실험

어느 여대 생물학과에서 현미경으로 세포조직을 관찰하는 실험시간이 있었다. 교수가 학생들에게 말했다.

"자신의 입천장을 긁어서 어떤 세포조직이 있는지 관찰하세요."

한참 실험하고 있는데 한 여학생이 손을 번쩍 들었다.

"처음 보는 세포조직을 발견했는데요."

현미경을 들여다본 교수가 큰 소리로 말했다.

"이것은 정자 세포란다!"

그 이후 아무도 그 여학생을 다시 볼 수 없었다.

대한민국 드림내각 인물들

○ 국무총리 : 유동근(발탁이유는 여러차례 왕을 역임했기 때문)
○ 외교통상부장관 : 배칠수(발탁이유는 미국 부시 대통령과 맞창을 뜨기 때문)

◦ 국방부장관 : 임요환(테란의 첨단무기를 능수능란하게 조정하기 때문)

◦ 환경부장관 : 가장 경쟁이 치열하다. 철새를 잘 아는 의원들이 많아서.

◦ 여성부장관 : 하리수(최근 여자주민등록증을 받는 등 누구 정을 쏟을 수 있다는 점이 높은 점수를 받음)

◦ 해양수산부장관 : 신구("니들이 게맛을 알아"라는 광고멘트로 수산자원의 중요성을 일깨운 점을 높이 평가 받음. '인어아가씨'에서 열연한 장서희 와 '게 섰거라'라는 고아고로 떠오르고 있는 장나라와 마지막까지 경합을 벌였음)

◦ 재정경제부장관 : 김정은("부자되세요"라는 광고문구로 국민의 잘살고 싶은 욕망을 함축적으로 잘 표현함)

◦ 교육인적자원부장관 : 박미선('봉숭아학당'에서 문제학생들을 데리고 수업을 충실히 이끌어 가는 교사이미지를 깊이 심음)

◦ 농림부장관 : 박준형(농산물을 앞니로 갉아 각종 도구를 만들어 보임)

◦ 과학기술부장관 : 전도연(TV드라마 '별을 쏘다'에서 별을 쏘는 신기술을 보여줌)

◦ 통일부장관 : 김지선('꽃봉우리 예술단' 멤버로 눈부신 활약)

◦ 청와대 대변인 : 강성범('수다맨'으로 타의 추종을 불허함)

동요 다시 보기

학교종이 땡땡땡 어서 모이자

어떻게 학교 종이 울렸는데 모입니까? 종이 울리고 학교 오면 지각입니다.

선생님이 우리를 기다리신다.

선생님이 우리를 기다립니까? 저는 제가 선생님 기다렸습니다!

거짓말 삼총사

예전에 거짓말을 아주 잘하는 세 사람이 있었다.

첫 번째 사람이 말하길 "난 어제 기차만 한 빵을 먹었어."

그러자 이번엔 두 번째 사람이 말했다.

"허허! 난 어제 산만한 빵을 먹다가 지쳐서 잠이 들었지."

그러자 묵묵히 듣고 있던 세 번째 사람이 가소롭다는 듯이 씨익~ 웃으면서 말했다.

"내가 어제 빵을 먹으려고 삽을 들고 빵 속을 헤매고 있는데 가다보니 이정표가 하나 있더라구. 거기에 뭐라고 쓰여있었는 줄 알아? '팥까지 33km' 이렇게 쓰여 있더군. 하하하!"

고3의 기도

한 고3 학생이 수능시험일을 얼마 남기지 않고 시간이 부족함을 느꼈다.

그래서 하늘에 대고 간절히 기도를 했다.

"하늘이시여. 제발 한 달, 아니 보름이라도 좋으니 시간을 조금만 더 주시옵소서."

그러자 학생의 간절한 기도에 감동했는지 하늘에서 음성이 들려왔다.

"너는 그 동안 아주 착하게 살아왔구나. 내 너를 불쌍히 여기고 또한 기도가 아주 간절하니 특별히 1년이란 시간을 더 주겠노라."

공처가의 항변

어떤 공처가의 집에 친구가 놀러갔다.

마침 그 공처가는 앞치마를 빨고 있던 중이었다.

이를 본 친구가 혀를 끌끌 차며 참견했다.

"한심하구만~ 마누라 앞치마 빨고 있으니……; 쯧쯧쯧."

이말을 들은 공처가가 버럭 화를 내며 말했다.

"발조심하게 내가 어디 마누라 앞치마나 빨 사람으로 보이냐? 이건 내 것일세!"

서울대에 가려면

한 시골학생이 서울에 가서 지하철을 타게 되었다.

노선을 잘 모르는 이 학생은 한 아저씨에게 물었다.

"아저씨! 서울대 가려면 어떻게 해야되요?"

그 아저씨, 한참을 쳐다보다가 힘들게 한 마디……:
"국영수를 중심으로 열심히 공부해봐."

스타크래프트

어느 날 훈련병들에게 교관이 물어보았다.
"너네 스타크래프트 해봤냐?"
훈련병들은 스타크래프트에 관한 이야기를 나누면서 즐거운 시간을 보낼 줄 알았다.
그런데 교관의 한 마디로 모든 훈련병들은 입을 다물지 못하고 한동안 충격에서 벗어나지 못했다고 한다.
"맨날 클릭 하다가 클릭당하는 기분이 어때?"

독도를 뭐라고 하나

영구가 필기시험에 합격한 후 면접을 보고 있었다.
면접관은 시사상식을 물었다.
"자네 일본사람들이 독도를 뭐라고 하는 줄 아나?"
면접관은 '다케시마'라는 답을 기대하고 있었지만 이를 몰랐던 영구는 진땀을 흘리며 대답했다.
"저……; 자기네 땅이라고 하는데요."

인생의 성공이란

○ 4세 때 : 바지에 오줌 싸지 않는 것.
○ 12세 때 : 좋은 친구를 사귀는 것.
○ 20세 때 : 섹스에 성공하는 것.
○ 30세 때 : 돈을 버는 것.
○ 60세 때 : 섹스에 성공하는 것.
○ 70세 때 : 친구를 사귀는 것.
○ 80세 때 : 바지에 오줌 싸지 않는 것.

콘돔의 용도

영호가 고등학생인 아들 철수와 함께 백화점에 쇼핑하러 갔다. 콘돔 진열대 앞을 지날 때 철수의 눈빛이 빛났다. 철수가 영호에게 물었다.

"아버지, 저 콘돔 포장은 각각 어디가 다른 거예요?"

영호는 성교육이라고 생각하고 친절하게 가르쳐 주었다.

"3개월이 포장은 대학생용이란다. 2개는 금요일에 쓰고 나머지 1개는 토요일에 쓰지."

"그러면 저 6개들이는요?"

"그것은 연애할 때 쓰는 거다. 2개는 금요일 저녁에, 또 2개는 토요일 저녁에, 나머지 2개는 일요일 아침에 쓰지."

철수가 아는 체하며 물었다.

"저 12개들이 포장은 신혼 때 쓰는 건가요?"

고개를 저은 영호가 잠시 뜸을 들 인후 한숨을 쉬며 대답했다.

"그것은 중년부부를 위한 거야. 1월에 하나, 2월에 하나, 그리고 3월에 하나……."

헌혈 아줌마에게 붙잡혔다

1. 바람둥이 : 자신은 쌍코피를 너무 많이 흘려서 피가 부족하다고 우긴다.
2. 구두쇠 : 찔러도 피 한 방울 안 나온다고 우긴다.
3. 골초 : 자신의 피는 임산부나 자라나는 어린이들에게 해롭다고 우긴다.
4. 술꾼 : 혈중알코올농도가 높아서 안 된다고 우긴다.
5. 재활용업자 : 자신의 피는 재활용이 불가능하다고 우긴다.

아내가 카센터에 입원했다?

철수는 아내 영희가 입원해 있는 산부인과에 전화를 건다는 것이 실수로 고장 난 차를 맡긴 카센터에 걸고 말았다. 철수는 카센터 주인을 산부인과 의사로 생각하고 얘기를 나눴다.

"상태가 어떻습니까?"

"조금 심하게 타셨더군요."

"예, 부끄럽습니다."

카센터 주인은 자신 있는 목소리로 말했다.

"걱정 마세요. 훨씬 더 망가진 경우도 많이 봤으니까요. 조금만 고치면 됩니다."

철수는 이상한 생각이 들었지만 다시 물었다.

"그래요? 제가 안 가도 될까요?"

"직접 오실 필요는 없고, 제가 한 두 번 더 타보고 연락드리겠습니다."

깜짝 놀란 철수가 큰소리로 물었다.

"네? 타본다고요?"

그 말을 들은 카센터 사장은 아무렇지도 않게 대답했다.

"왜요, 제가 좀 타보면 안 됩니까?"

남자가 본 남자친구 대 여자친구

1. 여자친구가 애교를 부리면 귀엽지만 남자친구가 애교 부리면 때리고 싶다.

2. 여자친구가 돈 안 갚는 것은 용서할 수 있지만 남자친구가 돈 안 갚을 때는 100원에 한대씩 팬다.

3. 여자친구가 영화 보러 가자고 하면 모든 일을 제쳐두고 가지만 공짜라야 간다.

4. 여자친구와는 과자 한 봉지를 정답게 나눠 먹지만 남자친구와는 한 봉지 갖고 목숨을 건다.

5. 여자친구가 장난으로 한대 때리면 아웅다웅하며 친해지지만 남자친구가 장난으로 한대 치면 그날 싸움난다.

6. 여자친구가 거짓말을 하면 눈감아줄 수 있지만 남자친구가 거짓말하면 용서 못한다.

7. 여자친구는 언제나 귀엽지만 남자친구는 술 많이 먹고 정신을 잃기 전에만 귀여워 보인다.

8. 여자친구와는 〈러브스토리〉같은 사랑영화 이야기를 하지만 남자친구와는 〈만두부인 속 터졌네〉같은 에로 영화 이야기를 한다.

9. 여자친구가 울면 웃으며 안아주지만 남자친구가 울면 함께 운다.

10. 여자친구가 날 버리면 가슴이 무너지지만 남자친구가 날 버리면 하늘이 무너진다.

포도 다이어트의 부작용

뚱뚱하다고 놀림을 받던 영자가 포도 외에는 아무것도 먹지 않는 '포도 다이어트'를 시작했다.

사흘째 되던 날 영자는 그만 의식을 잃고 쓰러졌다.

깜짝 놀란 가족은 쓰러진 영자를 즉시 병원으로 데려갔다.

영자 어머니가 의사에게 물어봤다.

"의사 선생님, 영양실조인가요? 얘가 며칠 동안 포도만 먹었거든요."

의사가 고개를 저으며 말했다.

"농약 중독입니다."

신혼부부 단칸방

지방출장을 간 형철이가 신혼인 친구 호준이네 단칸방에서 하룻밤을 지내게 됐다. 새벽에 형철이는 이상한 소리가 들려 잠에서 깼다.

"아~아, 아파. 살살해."

호준이 부인의 말에 호준이가 대꾸했다.

"괜찮아. 구멍이 작아서 그래. 많이 아파?"

"쉿, 조용히 해. 저 녀석 깰라."

형철이는 신경이 곤두섰다.

"내가 큰 거 보여줄까? 자, 꺼낸다."

"어머, 정말 크네?"

당황한 형철이는 숨도 제대로 쉬지 못했다.

"이번에는 당신 차례야."

"기다려 봐. 저 친구 보내고 나서 본격적으로 하자."

호준이는 형철이를 깨우기 시작했다.

"야, 일어나! 서울로 올라가야지."

"아함, 잘 잤다. 무슨 일이야?"

아무것도 모르는 척 눈을 비비고 일어난 형철이는 갑자기 허탈한 기분이 들었다. 호준이 손에 귀이개가 들려 있는 것이었다.

가방 2개의 비밀

잔인하기로 유명한 칼잡이 맹구가 커다란 가방 2개를 들고 부하들을 불러 모았다. 가방 하나를 열자 1만 원권이 가득 들어 있었다. 부하들이 놀란 얼굴로 맹구에게 물었다.

"아니, 이 많은 돈을 어떻게 벌었습니까?"

"간단해. 화장실에 가서 '볼일'을 보고 있는 남자의 '그것'에 칼을 들이대며 "돈을 주지 않으면 잘라버리겠어"라고 한 마디만 하면 돼."

감탄한 부하들이 물었다.

"다른 가방도 돈가방입니까?"

맹구가 씁쓸할 표정을 짓더니 대답했다.

"모든 사람이 다 돈을 주는 것은 아니더군."

예술과 외설의 차이

- 보고 나서 마음의 변화가 오면 예술, 몸에 변화가 오면 외설
- 친구에게 빌려줘서 돌아오면 예술, 돌려주지 않으면 외설
- 주말의 명화에 나오면 예술, 다섯 개에 만원이면 외설
- 의상비가 많이 들면 예술, 의상비가 필요 없으면 외설
- 영화를 보다가 손수건으로 눈물을 닦으며 자리를 피하면 예술, 말없이 휴지를 들고 없어지면 외설

아빠가 위야? 엄마가 위야?

시골 어느 마을에서 두 어린이가 대화를 나누고 있었다.
"우리집은 항상 엄마가 위야!"
"뭐라고, 우리집은 아빠가 윈데?"
그러자 옆에서 듣고 있던 동네 아저씨가 호되게 나무랐다.
"못된 녀석들, 너희들 무슨 이야길 하는 거야!"
한참 꾸중을 듣고 있던 한 꼬마가 고개를 갸우뚱 하더니,
"아저씨, 왜 그러세요? 우린, 지금 새해를 맞아 '나이' 이야길
하고 있는데요."

연령별 베드신 시리즈

○ "해" 시리즈 (여자/남자/여자)
20대 : 또 해? / (달려들며)
30대 : 안 해? / (TV켜며)
40대 : 뭐 해? / (올라타며) 한 번해! / 하던 일 해!

○ '대' 시리즈 (여자/남자/여자)
20대 ; 어디 대? / 암데나 대! / 거긴 별룬대
40대 : 어디 대? /그냥 거기 대! / 거참 열 받는대

○ '써' 시리즈 (여자/남자/여자)
20대 : 어땠어? / 끝내줬어! / 나 이뻤어?

30대 : 어땠어? / 괜찮았어! / 신경 좀 썼어!

40대 : 어땠어? / 아직 멀었어! / 아직 멀었어!/ (물건보고) 이걸 어따써!

남자는 못 이길 걸?

한 여자 프로 스키어가 멋지게 활강하고 나서 박수를 치는 관중 앞에서 자신 있게 말했다.

"저는 눈에서라면 어떤 고난도 기술이라도 보여드릴 수 있어요."

갑자기 한 남자가 소리쳤다.

"아무리 큰소리를 쳐도 남자에게는 이기지 못할 걸요?"

여자 스키어가 불쾌한 목소리로 반문했다.

"그럴까요? 눈에서만은 남자에게 지지 않을 자신이 있습니다만……. 저를 이길 수 있나요?"

남자는 자신 있게 대답했다.

"그럼요."

기분이 상한 여자 스키어는 퉁명스럽게 물었다.

"그래요? 뭐로 겨루실 건가요?"

남자가 웃으며 대답했다.

"오줌으로 눈에 이름 쓰기요."

초보운전자의 비애

한 아주머니가 '초보운전' 표지를 달고 거리로 나섰다. 아주머니가 길거리에 나서자마자 다른 차들이 경적을 울리며 다음과 같이 외쳤다.

"운전은 못하면 밥이나 할 것이지, 왜 나와!"

속이 상한 아주머니는 '다시는 운전은 하지 않으리라'고 결심했다. 그러나 며칠 후 어쩔 수 없이 다시 차를 몰고 나가야 할 상황이 벌어졌다. 아주머니는 다음과 같은 글을 유리창에 붙이고 과감히 차를 몰았다.

"지금 밥하러 갑니다."

생존투쟁

예쁜 처녀가 감기에 걸려 감기약을 복용했다. 생존의 위협을 느낀 바이러스 3마리가 살아남는 방법에 대해 토론을 벌였다.

첫 번째 감기 바이러스가 말했다.

"이번 약은 정말 독하대. 나는 머리 꼭대기까지 도망가 살아남을 테야."

두 번째 감기 바이러스가 말했다.

"그 정도로는 안심할 수 없지. 나는 엄지발가락 끝으로 도망가야지."

세 번째 감기 바이러스가 자신 있다는 듯 말했다.

"내가 가장 확실한 방법을 알고 있지. 나는 밤 열두시에 그것이 들어오면 타고 나갈 거야!"

저녁의 약속

"어떻게 하지요?
모두 일하는 중입니다."

삼림경찰의 탄생

이혼의 전제조건

한 아가씨가 변호사를 찾아가 상담했다.

"이혼하면 남편 재산의 반을 가질 수 있다는 것이 정말인가요?"

변호사가 대답했다.

"정황을 살펴봐야 알 수 있지만 대부분 가능합니다. 지금 이혼하시려고요?"

"아직 아니예요."

변호사가 여자에게 물었다.

"지금 이혼할 수 없는 이유를 물어봐도 될까요?"

여자는 잠시 생각한 다음 대답했다.

"결혼부터 해야 하거든요."

가정부의 폭로

한 부잣집에서 가정부가 갑자기 해고당했다.

화가 난 가정부가 주인아줌마에게 소리쳤다.

"흥, 내가 아줌마보다 요리솜씨도 좋고 예쁘니까 쫓아내는 거지?"

주인아줌마도 지지 않고 같이 소리쳤다.

"누가 그런 소리를 해?"

가정부는 주인아줌마를 똑바로 쳐다보면서 다시 소리쳤다.

"누구기는 누구야, 주인아저씨지. 또 밤일도 나보다 못한다며?"

기가 막힌 아줌마는 얼굴이 발개져 길길이 날뛰었다.

"뭐야? 주인아저씨가 그런 소리까지 해?"

가정부는 피식 웃더니 대답했다.

"아니, 정원사 아저씨가."

건망증

고등학교 선생님인 건호는 건망증이 무척 심했다.

출석부를 깜빡 잊고 교실을 찾은 건호는 반장을 찾았다.

"반장, 교무실에 가서 출석부 좀 가져와."

반장은 교무실로 갔고 교실을 한번 둘러본 건호가 말했다.

"이 반에는 반장도 없냐, 왜 인사를 안 해?"

학생들은 기가 막혀 아무 말도 하지 못했다.

그때 반장이 출석부를 들고 교실로 들어오자 건호가 화를 내며 소리쳤다.

"넌 뭐야, 어디 갔다 이제 들어와?"

나 없으면

손가락들이 서로 자기 자랑에 열을 올리고 있었다.

엄지손가락이 말했다.

"우리 중에 내가 가장 굵어."

집게손가락이 말했다.

"내가 하는 일이 제일 많아."

가운데손가락이 말했다.

"내가 제일 길어."

약손가락이 말했다.

"나 없으면 결혼반지 못 껴."

한참 자랑거리를 생각하던 새끼손가락이 말했다.

"너희들, 나 없으면 병신인 거 알지?"

성관계(?) 전과 후

○ 관계 전 남자 반응

20대 : 큰(?) 척한다.

30대 : 센(?) 척한다.

40대 : 기술이 좋은 척한다.

50대 : 아픈 척한다.

60대 : 자는 척한다.

70대 : 죽은 척한다.

○ 관계 후 두 사람의 위치

20대 : 포개져(?) 잔다.

30대 : 마주보고 잔다.

40대 : 나란히 잔다.
50대 : 등 돌리고 잔다.
60대 : 다른 방 가서 잔다.
70대 : 어디에서 자는지 모른다.

한국 영어교육의 위대함

한 한국 관광객이 미국을 여행하다 교통사고를 당했다. 관광객은 피를 흘리며 쓰러졌고 구급차와 경찰차가 왔다. 미국 경찰이 급히 달려와 한국인에게 물었다.

"How are you?"

한국인이 피를 흘리며 힘겹게 대답했다.

"Fine, Thank you. And you?"

의대 라이벌

한 의과대학에 성적이 아주 우수한 학생 두 명이 있었다. 경쟁관계에 있는 두 학생은 어느 날 병원 복도를 걷던 중 허리를 푹 숙인 채 다리를 절며 안절부절못하고 걸어가는 한 남자를 봤다.

첫 번째 학생이 자신 있게 말했다.

"내가 보기에는 악성 관절염이군."

이에 질세라 옆 학생이 반박했다.

"젊은 사람이라 그럴 확률이 적은데, 너무 섣부른 판단이 아닐까? 내가 보기에는 심하게 다친 것 같은데……"

두 학생이 논쟁을 벌이고 있는 사이 남자가 다가왔다.

그 남자가 매우 고통스러운 표정으로 말했다.

"화……화장실이 어디죠?"

남자의 일생

중·고생들의 주된 화제는 농구시합이고, 근로자들이 모이면 흔히 축구 이야기를 주고받곤 한다. 중간 관리자들은 테니스 이야기를 나누고, 부장급들은 골프 이야기를 한다. 마지막으로 나이든 사장들이 만나면 약해진 쌍방울이 화제에 오른다.

오늘의 교훈 : 남자는 나이가 들수록 갖고 노는 공이 작아진다.

어떤 여자의 소원

어떤 못생긴 여자가 살고 있었다. 여자의 소원은 남자와 딱 한번 하는 것이었다. 그 여자가 점집을 찾아갔다.

"제 소원은 남자랑 한번 하는 것인데 언제쯤 될까요?"

"당신은 살아서는 못하지만 죽어서는 원 없이 할 것입니다.

이에 여자는 마음을 굳고 먹고 자살을 하려고 높은 빌딩 옥상으로 올라가 획 떨어졌다. 그때 마침 밑에는 바나나를 가득

실은 트럭이 있었다. 그대로 그 트럭에 떨어진 여자는 잠시 후 정신을 차렸다.

'아, 나는 이제 죽은 건가?'라고 생각하고 있는 그녀의 양손에 길쭉한 것이 덥석 잡히는 게 아닌가.

'그래, 드디어 죽어서야 소원이 이루어지는구나.'

감격한 여자가 외쳤다.

"줄 서!"

식사기도

어느 집에서 손님들을 초청해 저녁식사를 하게 됐다. 집주인인 엄마가 여섯날 난 딸에게 말했다.

"오늘 식사기도를 네가 한번 해볼래?"

그러자 딸이 난처한 표정으로 대답했다.

"엄마, 나는 기도할 줄 모르잖아."

"그냥 엄마가 평소에 하던 대로 하면 되지."

그러자 딸이 기도를 시작했다.

"하느님, 우리집에는 왜 자꾸 귀찮은 손님들이 많이 올까요?"

착각의 종류

○ 착각 하나 : 남자들-못 생긴 여자면 꼬시기 쉬운 줄 안다!

○ 착각 둘 : 여자들-어떤 남자가 같은 방향으로 가게 되면 관

심 있어서 따라오는 줄 안다!

○ 착각 셋 : 아기들-울면 다 되는 줄 안다.

○ 착각 넷 : 엄마들-자기 애는 머리는 좋은데 공부를 안 해서 공부를 못하는 줄 안다.

○ 착각 다섯 : 고등학생-졸다가 선생님을 봤는데, 앞사람 때문에 선생님이 안 보이면, 선생님도 자기가 안 보이는 줄 안다.

○ 착각 여섯 : 대학생들-철 다 든 줄 안다.

○ 착각 일곱 : 직장상사들-쪼면 다 되는 줄 안다.

○ 착각 여덟 : 여직원들-잘못해 놓고도 애교부리면 넘어가는 줄 안다.

○ 착각 아홉 : 남편들-아내가 반찬 좀 신경 써주면 지난 밤 일 잘 한줄 안다.

○ 착각 열 : 이 글 읽는 님들-자기는 안 그랬는줄 안다.

야구, 농구, 축구

야구는 투스놀음이요, 농구는 용병 놀음이요, 축구는 감독놀음이다.

야구는 개인주의적이고 농구는 자본주의적이며(키에 따른 독과 침이다) 축구는 원시적이다(골대와 공만 있으면 끝이다)

야구 감독이 벤치에서 카리스마 연기를 연습할 때, 농구 감독은 벤치에서 선수들에게 주절거리면서 랩을 연습하고 축구 감독은 벤치에서 발성 연습을 한다(몇몇 감독은 연기연습도 겸한다)

비 오면, 야구선수는 쉰다.

농구선수들은 상관없다.

축구선수는 x된다.

마지막으로 야구는 보는 게 재미있고, 농구는 하는 게 재미있고, 축구는 대한민국이 이기는 게 재미있다.

한국 남편들

1. 마누라가 저녁상을 완벽하게 다 봐 놓고 외출했는데도 남자가 저녁을 굶는 이유

- 밥그릇은 뚜껑이 덮여 있고 반찬은 랩으로 씌워있어서

2. 남자가 집안에서 미끄러지는 이유

-자기가 먹고 방 한가운데 던져놓은 바나나 껍질에 발을 헛디뎌서

3. 남자가 집안에서 살살 걷는 이유

- 자신이 여기저기 던져놓은 쓰레기를 피해서 걸어 다니느라

4. 집에서 소파를 자주 바꾸는 이유

- 늘 같은 자세로 누워있다 보니 가운데가 패어서

5. 남자가 마누라에게 신형 휴대전화를 사서 목에 걸어주는 이유

- 소파에 누워 TV를 보면서 심부름시킬 때 요긴하니까

6. 한국 여자가 정말 열 받을 때……

- 남편이 3박 4일 걸린다던 출장을 2박 3일 만에 마치고 돌아올 때

7. 한국 여자가 절망할 때
 - 3박 4일로 간다던 출장이 취소됐다고 좋아하는 남편을 볼
때……

화장실에서

 대학생인 맹구가 공중화장실에서 큰일(?)을 치렀다. 막상 볼
일을 마치고 보니 화장실에 휴지가 없었다. 맹구는 옆칸 사람에
게 말을 걸었다.
 "이봐요! 휴지 남은 것 좀 없나요?"
 "없는데요."
 "그럼 혹시 쓸만한 거라도……."
 옆칸 남자는 신경질적으로 대답했다.
 "없다니까요."
 한참 생각을 하던 맹구는 갑자기 지갑에서 1만 원짜리 지폐
를 한 장 꺼내더니 옆칸으로 지폐를 내밀며 말했다.
 "그럼 혹시 1,000원짜리 10장이라도 없나요?"

결혼 연차와 부부관계

○ 신혼 : 매일 하다시피 하죠.
○ 결혼 1년차 : 한때는 나도 그랬는데, 요즘은 1주일에 두세 번
정도 해요.

○ 결혼 3년차 : 너만 해도 아직 함 좋다. 나는 한달에 두세 번 정도 할까 말까다.

○ 결혼 5년차 : 나는 이제 한달에 한번도 될까 말까야.

○ 결혼 10년차 : 나는 이제 연례행사야. 마누라 생일과 결혼기념일에 한번씩.

○ 결혼 15년차 : 요즘에는 부부끼리도 그런 것을 하나?

엄마가 제일 싫어하는 사람

다섯 살배기 달수가 엄마와 함께 지하철을 탔다. 지하철 안에는 꼬마들이 떠들고 장난을 쳐 시끄러웠다. 달수엄마는 달수에게 공중도덕에 대해 가르칠 생각으로 달수에게 물었다.

"달수야, 엄마가 어떤 사람을 제일 싫어한다고 했지?"

잠시 생각을 하던 달수는 자신 있게 말했다.

"아빠!"

긴급뉴스

긴급뉴스가 많은 날이었다.

뉴스 중간중간에 입수되는 대로 계속 내보내고 있었다.

뉴스 관계자는 슬그머니 앵커에게 쪽지는 건네주고, 앵커는 황급히 쪽지를 받아들고 진지하고 다급한 목소리로 말했다.

"방금 들어온 속보를 말씀드리겠습니다. 윗니 사이에 시금치

같은 것이 끼었소!"

아버지와 아들

우리 부부는 14세 된 아들녀석과 함께 해변에 드러누워 있었다.

그때 비키니차람의 예쁜 젊은 여자가 지나가고 있었다.

아들녀석이 '와아'하며 한 마디 하는 것을 보고, 아내는 팔꿈치로 나를 쿡쿡 찌르면서 귓속말을 하는 것이었다.

"당신 아들 철드네요."

잠시 후 보기 드물게 풍만한 몸매를 비키니로 살짝 가린 젊은 여자가 지나가자, 나는 무의식적으로 '와아' 소리를 나직하게 내면서 감탄했다.

그러자 아내는 다시금 팔꿈치로 쿡쿡 찌르면서 말했다.

"당신은 언제 철 좀 드나요?"

학교에서 1

초등학교 3학년인 남자애가 같은 반 한 여학생을 좋아했다.

그래서 큰맘 먹고 다가가 고백했다.

"나 너 1학년 때부터 쭈욱 좋아했어."

그러자 여학생이 하는 말.

"나 2학년 때 전화 왔는데……."

학교에서 2

새학기, 누가 누군지 아직 모를 때 선생님이 이름을 불렀다.

"성유리, 나와서 이거 풀어봐."

"웅성웅성……."

남자 애의 이름이 성유리라니!

쉬는 시간, 한 아이가 다가가 물었다.

"야, 너 이름 진짜 성유리야?"

"음, 최 성 율."

이루어질 수 없는 사랑

철이와 순이는 매일 소꿉놀이를 하고 놀았다.

철이는 아빠, 순이는 엄마였다.

어느 날 철이는 순이랑 진자로 결혼을 하고 싶어졌다.

철이 : (심각하게) 순이야…… 우리 나중에 진짜로 결혼 할래?

순이 : (단호하게) 안돼. 우린 이루어질 수 없어.

철이 : 왜?

순이 : 우리 엄마는 아빠랑 결혼했고 우리 이모는 이모부랑, 고모는 고모부랑 결혼했단 말이야.

철이 : 그런데 왜 우린 안 된다는 거야?

순이 : 바보야! 그렇게 모르겠어? 우리집은 식구끼리 결혼 한

단 말이야!

파리의 성별

파리채를 들고 파리를 잡으려고 조심스럽게 돌아다니고 있는 남편을 찾아 부인이 부엌으로 들어갔다.

부인 : 뭐해요?

남편 : 파리 잡아.

부인 : 몇 마리나 잡았어여?

남편 : 수컷 세 마리, 암컷 두 마리.

부인 : 그걸 어떻게 알죠?

남편 : 세 마리는 맥주캔 위에 있었고, 두 마리는 전화기 위에 있었거든.

결혼기념일

"부산에 사는 노인이 서울의 아들에게 전화를 걸었다.

"우리 이혼한다."

아들은 깜짝 놀랐다.

"아버지, 그게 무슨 말씀이세요?"

"우리는 지긋지긋해서 같이 못살겠단 말이다. 이 문제는 이야기하기도 싫으니 넉 대전 누이에게 알려줘라."

이렇게 말한 노인은 전화를 끊었다.

아들은 누이에게 전화를 했고 전화를 받은 누이는 발끈했다.
"이혼은 있을 수 없는 일이야. 나한테 맡겨둬."
당장 부산에 전화를 건 딸은 고함을 질렀다.
"이혼은 안돼요. 우리가 갈 때까지 그냥 계세요!"
노인은 수화기를 내려놓고는 할멈에게 말했다.
"됐어요. 애들, 우리 결혼기념일에 올 거요."

삽입과 수정 사이

막 사춘기를 맞이한 백구가 컴퓨터학원에서 키보드에 대해 배우고 있었다. 예쁜 여자 선생님이 수업을 했다.
"자! 여러분, '삽입'키를 한 번 더 누르면 '수정'이 됩니다."
딴 짓을 하던 맹구가 갑자기 손을 번쩍 들었다.
"선생님! 설명이 좀 부족한 것 같은데요."
선생님이 물었다.
"뭐가 부족하지요?"
"삽입 다음에 사정을 해야만 수정이 되는 거 아닌가요?"

여자가 용서 못하는 남자

눈이 단춧구멍만 해서 쌍꺼풀 수술을 한 남자는 용서해도 노출이 심한 여자만 보면 눈이 당구공처럼 커지는 남자는 용서하지 못한다.

과거 있는 남자는 용서해도 미래 없는 남자는 용서하지 못한다.

머리카락 없는 남자는 용서해도 머리에 든 것이 없는 남자는 용서하지 못한다.

외박하고 온 남자는 용서해도 속옷을 뒤집어 입고 온 남자는 용서하지 못한다.

애써 썰렁한 유머를 구사하는 남자는 용서해도 욕설 일색인 음담패설만 일삼는 남자는 용서하지 못한다.

예비군 훈련 때 외부강사의 공통점

1. 모호한 단체의 조직국장이나 사무국장 자리를 맡고 있는 사람이 많다.

2. 이야기하는 패턴이 똑같다. 우선 이스라엘 이야기를 꼭 한다. 중동의 화약고가 어떻고, 54세까지 모든 국민이 예비군 교육을 받는다는 등등.

3. 중국 이야기도 자주 써먹는다. 6·25 때 압록강을 눈앞에 둔 국군 장병들은…… 앞으로는 중국 시장을 노려야…… 등등. 15억 중국인을 상대로 한사람에게 볼펜 한 자루씩만 팔아도 15억 개라는 이야기도 곡 한다(이 말만 믿고 중국인들 상대로 장사했던 선배가 쪽박 찼다).

4. 말하다 갑자기 목소리를 높여 자는 사람을 깨우곤 한다.

몸달은 응급신호

"파인 박사님, 응급환자입니다. 응급실로 와주세요. 파인 박사 님······"

커피도 가지고 가야지

한 비행기 기장이 착륙에 앞서 안내방송을 하고마이크 전원을 끄는 것을 깜빡 잊은 채 부기장에게 말했다.

"이제 다 끝났군. 이봐, 지금 자네에게 필요한 것이 뭔가?"

부기장이 대답했다.

"저는 편히 쉬고 싶습니다. 기장님은요?"

"나? 내게 지금 필요한 것은 사랑을 나눌 여자와 커피 한잔을 하는 거지." 기장의 목소리는 기내에 그대로 전해졌다.

남자승객들은 킬킬거리며 웃었고, 여자승객들은 스튜어디스에게 항의했다. 한 스튜어디스가 조종석으로 황급히 뛰어가자 짓궂은 남자 승객이 소리쳤다.

"아가씨, 커피도 가지고 가야지!"

여자가 좋아하는 골프기술

어느 날 골프를 즐기는 아가씨 4명이 모여 얘기를 나눴다. 결국 화제는 남자 얘기로 이어졌다. 첫 번째 아가씨가 말했다.

"나는 뭐니뭐니 해도 드라이버를 잘 치는 남자가 좋더라. 힘이 좋거든!"

두 번째 아가씨가 말했다.

"나는 어프로치를 잘하는 남자가 좋더라. 테크닉이 좋거든!"

"나는 퍼팅을 잘하는 남자가 좋더라. 어차피 구멍에 잘 넣어야 되거든!"

그러자 듣고 있던 마지막 네 번째 아가씨가 입을 열었다.

"나는 뭐니뭐니 해도 오비(OB)내는 남자가 제일 좋더라."

그 얘기에 다른 세 아가씨들은 의외라는 듯이 물었다.

"아니, 뭐라고? 왜?"

"한번 하고 또 한번 해주거든!"

라면과 여자의 공통점

1. 잽싸게 먹어치우지 않으면 후회한다.

2. 정말 여러 종류가 있지만, 인기 있는 것은 언제나 정해졌다.

3. 때로는 이런 것이 왜 존재하는지 이해할 수 없는 것들도 있다.

4. 하나 먹기에는 좀 모자라고 두개 먹기에는 좀 벅차다.

5. 궁할 때는 아무 것이나 먹다가 잘 나갈 때는 엄청 까다롭게 고른다.

6. 아무리 좋아해도 계속 먹으면 물린다는 사실에 놀라게 한다.

7. 나눠 먹을 때는 그 쟁탈전이 치열하다.

8. 먹기 전까지 준비하는 시간은 참으로 초조하다.

9. 서로 다른 종류를 섞어 먹지 말라.

10. 별로 좋아진 것도 없으면서 값만 올라간다.

11. 간편하게 먹을 수 있는 것일수록 비싸고 맛도 없는 편이다.

12. 밤에 자주 생각난다.

13. 자기가 잘 모르는 종류는 함부로 먹지 말라. 입맛만 버리기 쉽다.

14. 준비하는 과정에 심혈을 기울일수록 그 맛도 좋아진다.

시다바리 대 씨받이

영화 '친구'를 본 맹구는 장동건의 "내가 니 시다바리가?"라는 대사에 감동했다.

하루는 맹구가 친구 영구와 싸우게 됐다.

맹구는 장동건처럼 말하기 위해 잔뜩 폼을 잡았다. 그런데 대사가 생각이 나지 않았다.

잠시 생각하던 맹구가 소리쳤다.

"내가 니 시……시……씨받이가?"

장수의 비결?

한 아가씨가 경치 좋은 시골 마을을 여행하고 있었다.

호숫가 통나무집 앞에서 흔들의자에 앉아 쉬고 있는 한 노인이 보였다.

아가씨가 노인에게 다가가 물었다.

"표정이 참 행복해 보이네요. 행복하게 장수하는 비결이 뭔가요?"

노인이 황당하다는 표정으로 아가씨를 보더니 말했다.

"나는 하루에 담배 3갑을 피우고 1주일에 위스키 한 상자를 마시며 기름진 음식을 즐겨 먹고 운동은 전혀 안하죠."

깜작 놀란 아가씨가 물었다.

"정말 대단하시네요. 실례지만 연세가 어떻게 되시죠?"

노인이 퉁명스럽게 대답했다.

"스물여섯이요."

군대에서

한 무리의 군인이 걸어가고 있었다. 장교가 불렀다.

이병 : 네~엣! 이병○○○. 부르셨습니까?

일병 : 넷! 일병○○○.

상병 : 상병○○○.

병장 : 저 말입니까?

말년 : 왜요?

그러면 그렇지

놀부가 죽어 지옥을 가게 됐다.

염라대왕이 말했다.

"내 너에게 특권을 주마. 네가 받을 벌을 직접 선택하거라."

첫 번째 방으로 갔다. 한 남성이 도깨비에게 몽둥이로 계속 맞고 이었다.

놀부는 고개를 가로저였다.

두 번째 방으로 갔다. 온몸에 쇠사슬이 감겨 있는 한 남성이 악마들에게 불 꼬챙이로 고문당하고 있었다.

역시 놀부는 싫다고 말했다.

세 번째 방으로 갔다. 아주 늙고 추악하게 생긴 한 남성이 한 여성에게 오럴 서비스를 받고 있었다. 놀부는 생각했다.

'어차피 힘든 거. 이게 제일 좋겠다.'

놀부가 고개를 가로저었다.

두 번째 방으로 갔다. 온몸에 쇠사슬이 감겨 있는 한 남성이 악마들에게 불 꼬챙이로 고문당하고 있었다.

역시 놀부는 싫다고 말했다.

세 번째 방으로 갔다. 아주 늙고 추악하게 생긴 한 남성이 한 여성에게 오럴 서비스를 받고 있었다. 놀부는 생각했다.

'어차피 힘든 거. 이게 제일 좋겠다.'

놀부가 말했다.

"이 방으로 하겠소."

염라대왕의 눈이 커지더니 물었다.

"정말 이 방으로 하겠느냐?"

놀부는 고개를 끄덕였다.

염라대왕이 방에다 대고 소리쳤다.

"이봐 여자, 밖으로 나와 너는 구원받았어."

성별 확인법

영철이와 성기가 한 술집에서 만나 술을 마시고 있었다.

갑자기 영철이가 손가락으로 한쪽 테이블을 가리키더니 성기에게 물었다.

"야, 쟤 좀 봐. 남자야? 여자야?"

성기가 돌아보니 한 사람이 긴 머리에 헐렁한 셔츠를 입고 있어 언뜻 봐서는 남자인지 여자인지 구분이 잘 안갔다.

가만히 쳐다보던 성기가 자신 있게 말했다.

"여자야."

영철이가 놀라 물었다.

"아니, 네가 어떻게 알아?"

성기가 바지를 추켜올리면서 말했다.

"아래쪽에서 반응이 오잖아."

소원

60세 동갑내기 부부가 결혼 30주년을 맞았다.

두 사람은 서로에게 "그동안 고생했다"며 덕담을 하고 있었는데 천사가 나타났다.

천사가 말했다.

"그동안 금실이 좋았으니 소원을 한 가지씩 들어게요."

할머니가 먼저 소원을 말했다.

"영감과 함께 세계여행을 했으면 좋겠구먼."

천사는 세계일주 여행권 2장을 할머니에게 주었다.

할아버지가 말했다.

"나는 나보다 서른 살 젊은 여자와 살았으면 좋겠네."
천사는 할아버지를 90세 노인으로 만들었다.

벗고 오세요

몹시 추운 날 목욕탕에 갔다 온 영자는 수건이 빳빳하게 얼어 단단해진 것을 발견했다. 영자는 자고 있던 남편을 얼른 깨워 목욕탕에 보내며 한 마디 했다.
"여보, 돌아올 때 바지는 꼭 벗고 오세요."

저녁식사 때 아내가 음흉한 눈길을 보내면?

○ 20대 남편 : 눈길을 받자마자 아내와 그 자리에서 사랑을 나눈다.
○ 30대 남편 : "밥 먹고 나서"라고 말한다.
○ 40대 남편 : 밥상만 쳐다보면서 "밥이나 먹어"라고 말한다.
○ 50대 남편 : "왜 그래? 밥맛 떨어지게"라고 말한다.

진작에 쏠 것을

총으로 아내를 쏜 한 남자가 법정에서 검사의 심문을 받았다.
"집에 돌아오니 부인이 다른 남자와 침대에 누워 있었나요?"

"네."

"그래서 총을 꺼내 부인을 쐈나요?"

"네."

"왜 남자는 쏘지 않았나요?"

남자는 잠시 뜸을 들이더니 대답했다.

"매일 남자를 쏘는 것이 지겨워서요. 마누라 하나만 없애면 되는 것을…… 그동안 왜 그런 생각을 못했는지 몰라!"

60분간의 자유

영호가 아내의 생일 선물로 무엇을 할까 고민했다.

친구인 경철이가 말했다.

"좋은 방법을 가르쳐줄까?"

"어떻게?"

"집사람이 원할 때 언제든지 60분 동안 멋진 사랑을 나눌 수 있게 해주겠다고 약속해봐. 우리 마누라는 정말 좋아하더라고."

영호는 고맙다고 하고 집으로 돌아갔다.

다음날 두 사람은 다시 만났다.

경철이가 물었다.

"어때, 내 말대로 하니까 효과가 있지?"

영호가 한숨을 쉬더니 대답했다.

"집사람이 내게 키스를 하며 좋아하기는 했는데 바로 밖으로 나가면서 '1시간 후에 들어올게요'라고 말하더군."

시간 있으세요?

철수는 지갑을 잃어버려 집에 갈 돈이 없었다.

버스비를 빌리기 위해 버스정류장 앞으로 갔다. 한 예쁜 여자가 버스를 기다리고 있었다.

"저, 지갑을 잃어버려서 그러는데요. 버스비 좀 빌려 주실래요?"

잠시 철수의 얼굴을 쳐다본 여자는 흔쾌히 대답했다.

"그러죠. 그런데 혹시 시간 있으세요?"

예쁜 여자가 정답게 말을 걸어주자 기분이 좋아진 철수가 대답했다.

"그럼요."

여자가 말했다.

"시간 있으면 걸어가! 인마."

솔로의 기도

올해 크리스마스에는 매우 춥게 하소서. 너무 추워 세상의 모든 연인들이 절대 밖에 돌아다니지 못하게 하소서. 추워도 옷을 껴입고 나오는 연인들이 있을지 모르니 지하철·버스·택시 모두 다 파업하게 하소서. 오로지 가지도 못하게 하소서.

서로 연락하려는 연인들이 있을지 모르니 휴대전화·집전화 모두 다 불통되게 하소서. 안절부절 못하게 하소서.

크리스마스에는 물가가 100배 정도 오르게 하소서. 5,000원짜리 커피 한잔이 50만원이 되게 하소서.

오후 7시부터는 교회를 제외한 서울 시내 전 지역이 정전되게 하소서. 카페·술집·나이트클럽·음식점·극장 등 모두 다 컴컴하게 하소서. 그래도 만나는 커플이 있다면 사소한 것으로 싸우게 하소서. 빨랑빨랑 집에 들어가게 하소서.

올해 크리스마스에는 절대로 눈 내리지 마소서. 낮에 TV에서 아주 재미있는 것만 하게 하소서. 매년 크리스마스 때 했던 것을 또 하지 않게 하소서.

아주 졸리게 하소서. 24일 아침에 스르륵 잠들어 크리스마스 때 이꼴 저꼴 보지 않고 26일까지 쿨쿨 자게 하소서.

내년에는 부디 이런 기도하지 않게 하소서.

아내와 장모

끝장나온 판매원은 예정보다 일찍 일이 끝나자 하루 앞당겨 돌아간다고 아내에게 전보를 쳤다.

그런데 집에 돌아온 남편은 외간 남자의 잠자리를 같이 하고 있는 아내를 보고는 기겁을 했다.

그는 집을 나왔다.

이튿날 그를 찾아나선 장모가 그가 투숙하고 있는 호텔에 와서는 딸에게도 뭔가 사연이 있을 터인즉 그쪽 이야기도 들어봐야 할 것이 아니냐며 그를 설득했다.

한 시간 후 전화를 걸어온 장모는 의기양양했다.

"내가 뭐라던가? 필시 무슨 곡절이 있을 거랬잖아. 그 애는 자네 전보 받지도 못했다네."

산모의 비애

어느 산부인과에 산통을 느낀 산모가 급하게 들어오다가 그만 엘리베이터 안에서 출산을 하고 말았다.

산모는 많은 사람들 앞에서 출산을 한 것이 너무나 창피스러워 고개를 들지 못했다.

이에 간호사가 산모에게 위로의 말을 했다.

간호사 : 너무 창피하게 생각마세요. 저는 이 병원에 근무하면서 오늘보다도 더 황당한 것도 많이 보았는 걸요. 아 글쎄, 예전에 어떤 산모는 병원 앞 잔디밭에서 출산을 하드라니깐요!

산모 : (나즈막하게) 그때도 저였는걸요!

누구의 잘못

하루는 학교에서 돌아온 아들이 울먹이며 엄마에게 달려와 말했다.

"엄마! 나 오늘 학교에서 내가 하지도 않을 일로 선생님께 혼났어."

이 말을 들은 엄마는 화가 나서 말했다.

"뭘라구? 엄마가 당장 내일 학교로 찾아가 선생님을 좀 봐야

겠구나. 그런데 네가 하지도 않을 일이 뭐였니?"

그러자 그 아이는 여전히 울먹이며 말했다.

"응……; 숙제."

조용히 해주세요

한 호텔 레스토랑에서 종업원이 중년 남녀 한 쌍에게 음식 주문을 받고 있었다.

한창 주문을 하다 갑자기 남자가 테이블 밑으로 슬그머니 들어가는 것이었다.

종업원은 깜짝 놀라 여자를 쳐다봤지만 여자는 아무렇지도 않은 듯 주문을 계속했다.

여자가 주문을 마치자 종업원이 물었다.

"실례지만 남자 분께서 테이블 밑으로 들어가셨는데 괜찮으세요?"

여자가 조용히 대답했다.

"그럼요. 사실은 제 남편이 방금 레스토랑으로 들어왔어요. 조용히 좀 해주세요."

회개하라

맹구가 시험을 치르게 됐다. 문제지를 받아보니 아는 게 하나도 없었다.

교수가 독실한 크리스천인 것을 기억한 맹구는 답안지에 주기도문, 십계명 등을 잔뜩 써 넣은 뒤 '잘 부탁합니다.'라고 적었다.

얼마 후 교수가 답안지를 채점해 돌렸다. 맹구는 두근거리는 마음으로 답안지를 받았다.

거기엔 이렇게 쓰여 있었다.

'회개하라.'

밤 낮 없이

대학원생인 철수는 전 세계의 언어를 연구하고 있다. 하루는 철수가 교수에게 물었다.

"교수님, 전 세계 언어를 살펴보면 모든 언어에서 '사랑에 눈 멀다'라는 표현이 있는데 왜 그렇지요?"

교수는 장난기 가득한 얼굴로 대답했다.

"그것도 몰라? 사랑을 하면 낮에도 더듬게 되잖아."

죄와 벌

세 남자가 교통사고로 죽어 하늘나라에 도착했다.

옥황상제가 그들의 이승에서의 죄를 확인하고 있었다.

첫 번째 남자에게 왈,

"너는 이승에게 죄를 많이 짓고, 아내를 무척이나 많이 속였구나, 너는 저 고물 티코를 타고 저승 주변을 영원히 돌도록 하여라."

두 번째 남자에게 말했다.

"너는 이승에서 죄는 많이 짓지 않았지만 아내를 네 번 속인 적인 있구나. 너는 엑셀을 타고 저승을 10년 동안 돌도록 하여라."

세 번째 남자의 차례가 되었다.

"음……; 너는 죄도 하도도 짓지 않고 아내를 속인 적도 없구나. 너는 그랜저를 타고 저승을 한 바퀴만 돌도록 하여라."

티코와 엑셀을 탄 남자들이 저승을 돌다가 그랜저를 탄 남자가 울고 잇는 것을 보았다.

"아니 그랜저 타고 울 일이 있습니까?"

세 번째 남자는 여전히 울면서 말했다.

"방금 아내가 자전거를 타고 저승을 돌고 있는 것을 봤거든요."

키스한 후 여성들의 반응

1. 호흡곤란형 : 숨을 몰아쉬며 몸을 못 가눈다(키스를 오래할 때는 코로 숨을 쉬는 것을 모르는 모양이다).

2. 올보형 : 마구 운다('키스=순결박탈'이라는 공식을 가진 모양이다).

3. 방독면형 : 손으로 코를 쥔 후 남자를 데리고 가 칫솔과 치약을 사준다(그래도 참았으니 가상하다).

4. 에로형 : 갑자기 옷을 하나하나 벗는다(에로영화를 너무 많이 본 모양이다).

5. 몰라형 : 내 인생 책임지라며 매달린다(책임질 남자가 진짜 없었나보다).

6. 이게 뭐야형 : 뭐 이렇게 시시하냐며 다른 거 하자고 한다(다른 게 뭘까?).

7. 한번 더형 : 또 하자고 달려든다(잘못 걸렸다).

8. 내숭형 : 얼굴이 발그레해져 수줍은 미소를 띤다(남자들의 마음을 흔드는 방법을 아주 잘 알고 있다).

9. 결벽형 : 하자마자 화장실로 달려가 양치질한다(방독명형보다 더하다).

10. 공주형 : 거울을 꺼내 루주부터 다시 바른다(루주 좀 먹지 말란 말이야).

우리는 닮은꼴

교양이 있다고 자신하던 성숙이가 파티에서 플레이보이로 소문이 난 강식이를 만났다.

성숙이는 강식이와 몇 마디 대화를 나누고는 퉁명스럽게 말했다.

"아무래도 우리는 서로 통하는 게 전혀 없는 것 같군요."

강식이는 아무렇지도 않은 듯 웃으면서 말했다.

"저는 그렇게 생각하지 않는데요. 한 가지만 물어봐도 될까요?"

"그러세요."

"만약 침대가 딱 2개 있는 방에서 자야 하는데, 한쪽에는 여자가 자고 있고 다른 한쪽에는 남자가 자고 있으면 어디에서 잘 것인가요?"

"그것을 말이라고 해요. 당연히 여자하고 자지요."

강식이가 씩 웃으며 말했다.

"그것 봐요. 통하는 게 있지요. 저도 여자하고 자거든요."

그럼 내가

고등학생인 영자가 엄마와 함께 TV를 보고 있었다. TV에서 성형수술에 관한 뉴스가 나오자 영자가 혼잣말을 했다.

"10개월 동안 뭐 빠지게 고생해서 낳은 자식이 저렇게 못생기면 얼마나 속상할까?"

그 말을 들은 영자 엄마가 영자를 빤히 쳐다보더니 말했다.

"이제, 내 마음을 알겠냐?"

누군지 몰라

어느 날 아침 바람둥이 영호가 인상을 쓰면서 회사에 출근했다. 직장 동료인 강식이가 영호에게 물었다.

"이봐, 무슨 일이야?"

영호가 대답했다.

"어제 e메일이 한통 왔는데 자기 마누라를 계속 만나면 나를 죽일 거래."

강식이는 아무 일도 아니라는 듯 말했다.

"그 여자를 안 만나면 되잖아."

영호가 한숨을 쉬더니 대답했다.

"그렇게 하고 싶은데 메일을 보낸 사람이 누구의 남편인지 알 수가 있어야지."

그러면 그렇지

놀부가 죽어 지옥을 가게 됐다.

염라대왕이 말했다.

"내 너에게 특권을 주마. 네가 받을 벌을 직접 선택하거라."

첫 번째 방으로 갔다. 한 남성이 도깨비에게 몽둥이로 계속 맞고 있었다.

놀부는 고개를 가로저었다.

두 번째 방으로 갔다. 온몸에 쇠사슬이 감겨 있는 한 남성이 악마들에게 불 꼬챙이로 고문당하고 있었다.

역시 놀부는 싫다고 말했다.

세 번째 방으로 갔다. 아주 늙고 추악하게 생긴 한 남성이 한 여성에게 오럴 서비스를 받고 있었다. 놀부는 생각했다.

'어차피 힘든 거. 이게 제일 좋겠다.'

놀부가 말했다.

"이 방으로 하겠소."

염라대왕의 눈이 커지더니 물었다.
"정말 이 방으로 하겠느냐?"
놀부는 고개를 끄덕였다.
염라대왕이 방에다 대고 소리쳤다.
"이봐 여자, 밖으로 나와 너는 구원받았어."

우리나가라 세계 1위인 것들

○ 해외 입양
○ 반도체 생산량
○ 선박 건조율
○ 스타크래프트 상위 랭킹 점유율
○ 초고속 인터넷 사용률
○ 컴퓨터 보급률
○ 인터넷 이용시간
○ TFD-LCD 점유율
○ 제철 조강 생산량
○ 단일 원자력 발전소 이용률
○ 휴대전화보급 성장률
○ 의약 캡슐
○ 전자레인지용 고압콘덴서
○ 단일 에어컨 점유율
○ 자기 테이프
○ 스키장갑

○ 오토바이 헬멧
○ 네티즌 참여도
○ 손톱깎이
○ 텐트
○ 낚싯대
○ 냉동 컨테이너
○ 쇼트트랙
○ 태권도
○ 양궁
○ 학위취득 비율
○ 교육열

그리고!
○ 청소년 흡연율
○ 여자 하루흡연량(남자는 2위)
○ 주당 노동시간
○ 술소비량(40도 이상)
○ 간암 사망률
○ 사이버 폭력빈도

5위 이내에 드는 것들
○ 닷컴 도메인 보유율(2위)
○ 전자저울(5위)
○ 지하철 총 길이(4위)
  합성섬유 수출량(2위)

○ 단일회사 항공화물 수송률(2위)

○ 전자악기(2위)

○ 자동차생산율(5위)

○ 피혁 수출(2위)

○ 양식 수산물 생산량(5위)

○ 인터넷뱅킹 이용률(3위)

○ 도시별 컨테이너 처리양(부산 3위)

그리고!

○ 뇌물 공여지수(2위)

○ 교통사고사망률(25세 미만 3위) 등

'남성' 대 침대

1. 주로 밤에 위력을 발휘한다.
2. 탄력성이 생명이다.
3. 대부분 혼자 사용하지만 둘이 사용할 때도 있다.
4. 덮개(?)를 씌워 사용한다.
5. 어린이용은 작고 성인용은 크다.

아버님 이름은?

시골로 이사 간 맹구가 전학한 학교에 처음 등교했다.

담임선생님은 생활기록부를 작성하기 위해 맹구에게 물었다.
"아버지 이름이 뭐지?"
"예, 아버지 이름은 김가진입니다."
선생님이 화를 내더니 말했다.
"이 녀석, 누가 아버지 이름을 그렇게 부르라고 가르쳤냐?"
"죄송합니다."
"다시 한번 말해 봐라."
맹구의 대답을 들은 담임선생님은 웃음을 참지 못했다.
"예, 저희 아버지 이름은 김짜 가짜 진짜입니다!"

방귀뀐 후 사람들의 반응

1. 뻔뻔한 사람 : 누가 뀌었어? 빨리 자수해.
2. 솔직한 사람 : 아, 시원하다.
3. 소극적인 사람 : 나는 아니니까 나 쳐다보지 마.
4. 내성적인 사람 : 내 방귀는 냄새가 안 나.
5. 긍정적인 사람 : 냄새 좀 나면 어때?
6. 공격적인 사람 : 너는 방귀 안뀌냐?
7. 내숭떠는 사람 : 먹은 게 상했나 봐.
8. 양심 없는 사람 : 잠시 후 '2차 폭발'이 있겠습니다.
9. 죄책감이 심한 사람 : 내가 안 그랬어. 정말이야. 믿어줘.
10. 연기력이 뛰어난 사람 : 으악! 이게 무슨 냄새야?

황홀한 휴게소

1마일 앞에 '완벽한' 휴게소
있음.

(힌트) 아랫줄 가운데는 남성
용, 맨 오른쪽은 여성용(바이
브레이터).

역시! 베아그라

힘들게 피리는 뭐하러 부나.

항상 웃으면서 최선을

아름다운 여자가 모처럼 수영장에 갔다.

비키니 차림의 그는 멋지게 다이빙을 했다.

그런데 이를 어쩌나, 수면으로 올라오면서 수영복이 벗겨진 것이다.

아무리 주위를 봐도 수영복을 찾을 수 없어 수영장에서 나오지 못하고 있는데 휴식시간이 되자 관리인이 호루라기를 불면서 나오라고 재촉했다.

난처해하던 여자는 수영장 한쪽에 나무판자 대여섯 개가 있는 것을 발견했다. 얼른 그 쪽으로 헤엄쳐 재빨리 물 밖으로 나가 나무판 하나를 골라 급히 으뜸부끄럼을 가렸는데 사람들이 전부 쳐다보며 웃는 것이었다.

그 푯말에는 이렇게 씌어 있었다.

'위험수심 2m, 자신 있는 분만 들어오세요.'

얼굴이 새빨개진 여자는 얼른 다른 푯말로 가렸는데 사람들이 더욱 웃는 것이었다.

이번에는 '남성용, 옷을 벗고 들어오세요.'

다시 버리고 또 다른 것을 들어 가렸는데 이제는 사람들이 데굴데굴 구르면서 웃는 것이었다.

'어른 5000원, 아이 3000원, 20명 이상은 할인해 드립니다.'

울상이 된 여자는 할 수 없이 또 다른 푯말로 가렸는데 이번에는 웃다가 기절하는 사람도 있었다.

'영업시간 오전 9시부터 오후 5시까지.'

하나밖에 안 남은 마지막 푯말로 가리자 사람들이 웃다가 눈물까지 질금거렸다.

마지막 푯말에는 이렇게 씌어 있었다.

'여기는 여러 사람이 사용하는 곳이니 다른 사람들을 위해 깨끗이 사용합시다.'

선생님은 공주병

초등학생인 영수의 담임선생님은 평소 미모에 대한 자부심이 대단했다. 어느 날 영수가 선생님에게 장난삼아 말했다.

"선생님, 자세히 보니까 햄스터 닮으셨어요."

그 말을 들은 선생님은 기뻐하며 말했다.

"그러니? 새삼스럽지도 않지만 그렇게 말해주니 고맙구나."

영수는 이어지는 선생님의 말을 듣고 웃음을 참지 못했다.

"그런데 햄스터가 어느 나라 배우니?"

사고친 후

여러 여자와 사고쳤지만 이런 여자는 처음이다.

얼굴이 벌게져 어찌나 서럽게 우는지 내가 정말 잘못한 것인지도 모른다는 생각까지 든다.

눈물을 흘리는 아가씨를 달랬다.

"이제 그만 정리하고 헤어지면 안되나요."

"흑흑, 너무해요. 제게 남은 이 상처는 어떡하라고요."

나는 애가 타서 말했다.

"돈을 준다니까."

"처음인데 돈으로 돼요? 이 상처는 분명히 남을 거예요."

"요즘이 어떤 세상인데……. 기술이 발달해서 흔적도 없이 고쳐진다고."

"제가 빼라고 했을 때 뺐으면 이런 일 없잖아요. 그렇게 밀어붙이면 어떡해요."

"아가씨는 도대체 몇 살인데, 그런 경험도 없어?"

그 순간 경찰이 다가왔다.

당황한 나는 말했다.

"경찰까지 부르다니 너무한 거 아니야? 나만 잘못한 것도 아니고 그쪽 책임도 있어."

경찰은 짜증난다는 듯 말했다.

"골목길에서 접촉사고 내고 차도 안 빼고 싸우면 어떡합니까? 당장 차 빼요!"

건망증

고등학교 선생인 건호는 건망증이 무척 심했다.

출석부를 깜빡 잊고 교실에 간 건호는 반장을 불렀다.

"반장, 교무실에 가서 출석부 가져와."

반장은 교무실로 갔고 교실을 한번 둘러본 건호가 말했다.

"이 반에는 반장도 없어?"

학생들은 기가 막혀 아무 말도 하지 못했다.

그때 반장이 출석부를 들고 교실로 들어오자 건호가 화를 내며 소리쳤다.

"넌 뭐야, 어디에 갔다 이제 들어와."

술이 원수

영철이가 술을 많이 먹어서 몸을 제대로 가누지 못해 길에서 넘어졌다.

영철이는 등이 아파 집에 오자마자 거울을 보며 파스를 붙였고 그 뒤에 잠자리에 들었다.

그런데 아침에 일어나도 여전히 등이 아프자 영철이는 손으로 등을 만져봤다. 파스가 없었다.

깜작 놀란 영철이는 이불을 들추며 없어진 파스를 찾기 시작했다.

결국 파스를 찾아낸 영철이는 다시는 술을 먹지 않겠다고 다짐했다.

파스가 거울에 붙어 있었던 것이다.

남극기지에서는

맹구가 남극에 있는 연구소로 파견됐다. 연구소에는 남자 연구원들밖에 없었다.

1주일 정도 지나자 맹구는 여자 생각에 일을 제대로 할 수 없었다. 고민 끝에 소장을 찾아가 하소연하자 소장이 말했다.

"구멍이 있기는 한데……."

소장이 보여준 것은 구멍이 뚫린 커다란 통나무였다. 맹구는 아쉬운 대로 그 구멍을 써봤다. 생각보다 괜찮았다. 통나무의 성능에 놀란 맹구가 물었다.

"이런 방법이 있었다니! 매일 써도 됩니까?"

"상관없네. 목요일만 빼고……."

이유가 궁금했던 영구가 반문했다.

"아니, 왜죠?"

소장이 담담한 목소리로 말했다.

"목요일은 자네가 들어가 있을 차례거든."

결혼해야 하는 이유

결혼을 약속한 연인이 있었다. 어느 날 남자가 심각한 표정으로 여자에게 말했다.

"결혼해야 할 여자가 생겼어. 우리 이제 헤어져."

남자의 말에 충격을 받은 여자가 눈물을 흘리며 물었다.

"그 여자가 나보다 요리를 더 잘해?"

"아니."

"그러면 나보다 예뻐?"

"아니, 절대 그렇지 않아."

"그러면 나보다 밤일을 잘해?"

"아니, 당신만큼 완벽한 여자는 없어."

화가 난 여자가 외쳤다.

"그러면 왜 나 말고 그 여자를 택한 거야?"

남자가 떨떠름한 표정을 지으면 말했다.

"아이를 부양하지 않으면 고소하겠대⋯⋯."

그렇지

한 신혼부부가 격렬하게 첫날밤을 치렀다. 신랑은 와이프를 만족시키기 위해 최선을 다했다.

이들은 다음날 아침 헬쑥한 모습으로 호텔 커피숍에 내려왔다.

자리에 앉자마자 신부가 신랑에게 말했다.

"자기야, 우리 다시 침실로 가자."

그 소리에 신랑이 기겁하며 말했다.

"어젯밤에 그렇게 괴롭혔으면서 또?"

신부가 뾰로통한 얼굴로 대답했다.

"자기는 저녁 먹으면 아침 안 먹어?"

리무진과 질주

철수와 영호는 대입시험을 봤는데 영호는 대학에 붙었지만 철수는 떨어졌다.

크게 낙심한 철수는 매일 술에 쩔어 살았고, 날이 지날수록 철수의 방안엔 술병들로 가득 채워졌다.

보다 못해 영호가 철수에게 말했다.

"철수야 너 이러는 거 정말 못난 짓이야. 우리 4년 뒤에 다시 만나서 서로의 모습을 확인하자. 그때는 좀 더 멋진 사람이 되었으면 좋겠구나."

그리고 4년이 흘렀다.

영호는 좋은 회사의 직원이 되어 멋진 차를 타고 왔다.

그런데 철수도 리무진을 타고 영호앞에 나타난 것이 아닌가.

영호는 너무 반가워서 외쳤다.

"철수야, 네가 드디어 정신을 차렸구나! 이야~ 얼마나 열심히 살았으면 벌써 리무진을 샀니?"

그러자 철수가 웃으며 말했다.

"응, 병 팔았어."

엠씨스퀘어가 뭐지?

음악을 들으며 자습을 하고 있던 학생들을 보시며 선생님께서 한 말씀 하셨다.

"야, 귀에 꽂은 거 다 빼!"

평소에 악명이 높던 선생님이라 학생들은 개길 엄두도 못내고 시키는 대로 했다.

그런데 이상하게도 유독 한 학생만이 이어폰을 꽂고 있는 것이다.

선생님께선 화가 나셨는지 그 학생에게 다가가서 말씀하셨다.

"야, 내 말 안 들려? 그거 빼고 자습하랬잖아!"

그러자 그 학생이 자신만만하게 말했다.

"익 '엠씨스퀘어'인데요."

이 말을 들은 선생님께서는 잠시 생각에 빠지시더니 이내 큰 결단을 내리신 듯 말씀하셨다.

"팝송도 안돼!"

버릇없는 아들

3대독자라고 오냐오냐 키운 아들은 천방지축이었다.

모든 게 자기 마음대로였다.

안되겠다 싶은 엄마가 아들에게 엄하게 대하기로 마음먹었다.

잠시 후, 아들이 집을 나서려 하자 엄마는 무서운 눈초리로 다그쳤다.

"너, 어디 가니?"

"나 가고 싶은데!"

"그럼 언제 돌아오는데?"

"오고 싶을 때!"

그러자 잠깐 뜸을 들이던 엄마가 한다는 말.

"좋아! 하지만 단 1분이라도 늦으면 혼날 줄 알아!"

똑같을 수밖에

약 5년 동안 시험을 볼 때마다 커닝을 했던 맹구는 운 좋게 한번도 선생님께 걸리지 않고 커닝을 할 수 있었다.

5학년인 맹구네 반에서 또 시험을 봤다.

맹구는 역시 반장의 답안지를 훔쳐보며 커닝을 했다.

며칠 후에 맹구는 교무실로 오라는 호출을 받았다.

맹구는 당황했지만 꿋꿋하게 교무실로 갔다.

선생님 : 맹구! 이리 와바. 너 이게 뭐야?

선생님의 책상 위에는 반장의 시험지와 맹구의 시험지가 있었다.

선생님 : 너 커닝했지? 어떻게 반장과 똑같은 문제를 틀릴 수 있지?

그러자 어떤 말이든 해야 된다고 생각한 맹구가 자신 있게 말했다.

맹구 : 아휴~ 선생님도. 당연히 같은 선생님 밑에서 배웠으니까 그렇죠~!

마누라의 질투

선거에 출마했던 사람이 개표가 끝나 풀이 죽어서 집으로 돌아오자 아내가 물었다.

"그래, 몇 표나 얻었어요?"

"두 표 얻었소."

그러자 아내는 남편을 마구 때리는 것이다.

"왜 때리는 거요?"
"당신 좋아하는 계집 생겼지?"

포도 다이어트

다이어트를 하기로 결심한 동생이 여러 다이어트 서적을 보던 중 포도다이어트가 몸에도 좋고 미용에도 좋다는 글을 읽고 포도다이어트를 시작했다.

포도다이어트란 밥 대신 포도만을 먹는 것이다.

그런데 동생이 삼일 째 되던 날 그만 의식을 잃고 쓰러졌다.

우리집 식구들은 너무 놀라 병원에 데리고 갔고, 의사선생님의 진찰을 받은 후 어머니가 의사에게 조심스럽게 물어보았다.

"저……; 선생님, 영양실조인가요?"

그러자 어이없는 의사의 대답,

"농약 중독입니다."

그게 크면

부부는 아들녀석을 데리고 나체해수욕장으로 갔다.

녀석은 잠시 물속에서 놀더니 엄마에게로 달려왔다.

"엄마, 나 젖가슴이 엄마보다 큰 여자들을 봤어!"

"그게 클수록 머리가 나쁜 거야."

몇 분 지나자 녀석은 다시 쫓아왔다.

"엄마, 나 아빠의 거기보다 더 큰 사람들 봤어!"

"그게 클수록 머리가 나쁜 거야."라고 엄마는 말했다.

그러자 아들이 숨을 몰아쉬며 얘기했다.

"아빠가 어떤 멍텅구리 여자랑 이야기를 하고 있더라구. 그런데 이야기를 계속하면서 아빠는 점점 더 멍텅구리가 돼가는 거야!"

낚시하러 간다더니

집에 전화를 건 남편은 아내에게 말했다.

"일주일 동안 낚시할 기회가 생겼어요. 당장 떠나야 해요. 내옷과 낚시 도구와 실크 잠옷 챙겨줘요. 한 시간 후에 가지러 갈게요."

황급히 집에 들른 남편은 아내를 포옹하고 급하게 재촉한 일을 사과하고는 서둘러 떠났다.

1주일이 지나 남편이 돌아오자 아내가 물었다.

"재미있었어요?"

남편이 대답했다.

"그럼, 낚시는 잘 했어요. 그런데 당신은 내 실크 잠옷 챙겨주는 걸 잊었더군."

그랬더니 아내가 빙긋 하며 응수하는 말.

"그거 당신 낚시도구통에 넣었는데요?"

"여보, 현금이 다 걷히기 전에는
누구한데도 '믿음이 없는 사람'
이라고 해선 안돼요."

다시 한번

만득이가 주일을 맞아 교회에 갔다.

목사님은 이번 주일의 설교 주제로 복권에 대한 예를 들어 '한탕주의'를 경계하는 얘기를 하기로 했다.

"여러분들 중 간밤에 245753이나 379801이나 476184같은 숫자들이 나오는 꿈을 꾸고는 전 재산을 털어 복권을 사는 분도 더러는 계실지 모르겠습니다. 그러나 그런 분들은 절대 천당에 갈 수 없습니다. 제발 제 말을 명심하십시오. 열심히 자기가 맡은 일에 충실합시다. 여러분!"

예배를 마치고 신도들을 배웅하고 있을 때 만득이가 목사에게 다가가 조용히 얘기했다.

"목사님, 정말 좋은 설교였습니다. 느끼는 게 많았습니다. 대단히 죄송하지만 좀 전에 얘기했던 그 숫자들을 다시 한번 말씀해 주시겠어요?"

부작용

달숙이는 남편이 밤일에 관심을 보이지 않는 데 불만이 많았다. 고민 끝에 병원을 찾아가 상담을 했다. 의사가 약봉지를 내놓으면 말했다.

"남편이 잠들기 30분전에 먹이세요. 그러면 놀랄 만한 잠자리가 될 겁니다."

그 약이 최음제일 것이라고 생각한 달숙이는 그날 밤 남편에게 약을 먹이고 자신도 먹었다. 30분이 지나자 남편이 침대에서 벌떡 일어나 소리쳤다.

"아! 여보, 여자가 그리워!"

그러자 달숙이도 동시에 외쳤다.

"아! 여보, 나도 여자가 그리워!"

게임 '스타크래프트'와 키스의 차이?

한 남녀 학생이 인터넷 채팅을 하고 있었다. 서로 친해지면서 여학생이 물었다.

"너 혹시 키스해 봤니?"

그 순간 통신장애로 남학생에게 '스'자만 보였다. 게임 '스타크래프트'를 즐기는 남학생은 여학생이 '스타'에 대해 듣고 있다고 착각했다.

"그럼~ 나를 뭐로 보는 거야. 아주 많이 해봤어!"

"정말? 몇 번이나 해 봤는데?"

남학생은 의기양양하게 물었다.

"거의 매일 하는데 그것을 어떻게 다 세고 있냐?"

"대단하다! 그런데 누구와 했는데? 여자친구하고?"

"여자애들하고 무슨 재미로 하냐? 봐주면서 해도 금방 끝나겠다. 그런데 너는 해봤니?"

여학생은 당황하며 대답했다.

"아……아니, 아직 한번도 안 해 봤어.'

남학생의 다음 말을 들은 여학생은 놀라 컴퓨터를 꺼버렸다.

"말 나온 김에 우리 한번 만나서 해볼까? 나랑 조금만 연습하면 너도 잘할 수 있을 거야. 원래 여자하고 잘 안하는데 이번만은 특별히 가르쳐 줄 게."

신발 한 짝

맹구가 버스에 올라탔는데 신발 한 짝을 안신고 있었다. 맹구의 옆자리에 앉은 신사가 물어보았다.

"젊은이, 신발을 잃어버렸나보지?"

맹구가 씩 웃으며 대답했다.

"아뇨, 하나 주웠어요!"

고장은 바로

지하철역 앞에 두 대의 공중전화가 있었다. 급하게 전화를 걸어야했던 봉철이는 얼른 공중전화로 달려갔다.

그런데 이상하게 한쪽 전화기에만 사람들이 1백m가 넘게 줄을 서있는 것이다. 얼떨결에 그 줄에 선 봉철이, 앞에 서있는 사내를 쿡~ 찌르며 물었다.

"저, 옆에 있는 전화가 고장인가 보죠?"

그러자 그 사람이 속삭이듯 말했다.

"아뇨. 이 전화기가 고장이에요~ 50만원만 넣으면 한 시간도 넘게 통화할 수 있답니다. 킥킥."

너무 빨라서

"전 절도죄입니다만 당신은 무슨 죄로 여기에 오셨소?"

"크리스마스 때, 쇼핑을 너무 빨리 해서……."

"쇼핑을 빨리 하는 게 죄가 된단 말이오?"

그러자 사내가 대답했다.

"그게, 가게 문도 열기 전에 해버렸거든요."

이상한 아버지

어떤 아저씨가 운전을 하다가 음주단속에 걸렸다.

그런데 이 아저씨는 술을 마니 마셔서 알코올농도가 0.120나 왔는데, 이 정도면 면허취소다.

그런데, 이 아저씨는 음주단속기가 잘못된 것이며 강하게 반항을 했다.

그러자 옆에 있는 아홉 살 된 아들에게 음주측정기를 불어보라고 하였다.

아이는 음주측정기에 대고 붙었다.

그러자 0.300이 넘어갔다.

그래서 경찰은 이상하다며, 고민 끝에 그냥 보내 주기로 하였다. 그런데 이때 중요한 아이의 한 마디.

"아빠 근데 나 이렇게 술 마셔도 되는 거야?"

고래의 의리

어느 날 멸치가 집으로 가고 있는데 지나가는 문어와 어깨를 부딪쳤다.

문어가 "이 자식이"하며 멸치를 두들겨 팼다. 억울한 멸치는 친구인 고래에게 억울하게 당한 이야기를 했다.

화가 난 고래는 다음날 멸치의 복수를 하려고 일찌감치 그 장소에서 기다리고 있었다.

그때 마침 오징어가 멀리서 오고 있었다. 고래가 단숨에 달려가 오징어를 때리기 시작했다. 이유 없이 얻어맞자 오징어가 물었다.

"왜 때려?"

그러자 고래는 오징어에게 인상을 쓰며 말했다.

"야! 인마, 모자 쓰면 몰라 볼 줄 알았냐?"

파스 붙이기

어느 날 너무 속상해 술을 많이 마셨다. 어찌나 많이 마셨던지 내 정신이 아니었다.

비틀거리다 어디에 부딪쳤는지 허리도 아팠다.

집에 도착하자마자 파스를 찾아서 허리에 붙일려구 화장실로 갔다.

거울을 돌려다보며 애써 파스를 붙인 후 씻고 잤다.

아침에 일어나니 허리는 더 아프고, 씻으러 화장실에 갔더니 이게 웬일……:

거울에 허연 파스가 붙여져 있는 것이다.

그렇다. 내 몸에 붙인 줄 알았던 파스를 거울에 붙인 것이었다.

엽기적인 의사의 한 마디

어떤 사람이 치과에 가서 이 하나를 빼는데 값이 얼마냐고 물었다.

의사가 2만원이라고 대답하자 그 사람은 깜작 놀라며 말했다.

"아니, 뽑는데는 1부도 걸리지 않는데 왜 그렇게 비싸죠?"

그러자 심각한 표정으로 의사가 말했다.

"물론 환자분이 원하시면 아주 천천히 뽑아드릴 수도 있습니다."

기막힌 웨이터 이름

친구 중에 생일인 애가 있어서 1차는 술집에서 끝내고, 2차는 무도회장으로 향했다.

신촌 어느 무도회장에 도착해보니 정문에서 웨이터가 말했다.

"아는 웨이터 있어요?"

친구 하나가 대답했다.

"없어요!"

그 말이 떨어짐과 동시에 박수 두 번을 연속으로 치더니,

"없어요~! 손님 받으십시오."

라고 웨이터 소리를 질렀고 바로 안에서 웨이터 한명이 뛰어나왔다.

"안녕하십니까? '없어요'입니다."

가슴에 '없어요'라고 쓰인 명찰을 단 웨이터가 인사를 깍듯하게 하고는 우리를 안으로 데리고 들어가는 것이다.

이보다 좋은 웨이터 이름이 또 있을까?

백 원이야?

딸아이랑 걸어가다가 음식점 앞에 피어있는 꽃을 보고 엄마가 자랑스럽게 말했다.

"얘, 저게 바로 '베고니아'라는 꽃이야. 자수 조용필 알지? 그 사람이 부른 노래에도 나온단다."

다섯 살짜리 딸이 엄마보고 하는 말,

"엄마, 근데 왜 꽃이 백 원이야?"

광고의 위력

한 은행의 지점장이 야간경비를 구하기 위해 광고를 냈다. 그

리고 며칠 뒤 신문사의 친구가 그에게 전화를 했다.

"그래! 광고 덕 좀 봤나?"

이 말을 들은 지점장은 갑자기 목소리에 힘이 빠지면서 말했다.

"그래~ 광고 덕 좀 봤지! 광고 덕에 내가 짤렸거든……."

지점장의 말을 들은 친구가 이상하게 여겨 이유를 묻자 그는 약간 화가 섞인 듯한 목소리로 말했다.

"광고가 나가마자 은행에 강도가 들었어!"

유머를 알려주마

한 사내가 절친한 친구와 만나서 이런저런 대화를 나누다가 친구가 말했다.

"자네, 내가 재미있는 난센스 퀴즈 하나 낼 테니 맞춰 보게나."

"그러세."

"음, 자네가 빈속에 빵을 몇 개나 먹을 수 있을 것 같나?"

"음……; 한 다섯 개 정도?"

"쿠쿠쿠~ 틀렸네. 자넨 하나밖에 못 먹어. 하나를 먹으면 빈속이 아니잖아?"

친구의 퀴즈가 너무 재미있었던 사내는 한참을 웃다가 아내에게 이 얘기를 해줘야겠다고 생각했다. 집으로 돌아간 사내가 그의 아내에게 말했다.

"여보~ 여보! 내가 난센스 퀴즈 하나 낼게, 맞춰봐. 당신이 빈속에 빵을 몇 개나 먹을 수 있다고 생각해?"

"글쎄요? 한 세 개 정도?"

그러자 사내는 너무 실망하며 말했다.

"에이~ 당신이 다섯 개라고 했으면 진짜 재미있는 유머를 알려주려고 했는데……."

초등학생들의 고민

영철이가 하루는 골목을 지나고 있는데 초등학생으로 보이는 2명이 담배를 피우고 있었다. 깜짝 놀란 영철이는 주의를 주기 위해 다가갔다. 하지만 꼬마들의 대화를 들은 영철이는 그들의 마음을 이해하겠다는 듯 고개를 끄덕였다.

한 꼬마가 말했다.

"야! 너 '탐구생활' 다했냐?"

다른 꼬마가 담배연기를 후욱 하고 뿜더니 대답했다.

"아니."

한번만 비틀어줘요

맹구가 정자를 보관하기 위해 병원을 찾았다. 간호사는 맹구에게 빈병 하나를 주며 말했다.

"이 병에 담아오세요."

맹구가 나간 지 한참이 됐는데 돌아오지 않자 기다리다 지친 간호사는 화장실로 가서 물었다.

"아직 멀었어요?"

맹구가 헉헉거리며 대답했다.

"오른손에 힘이 다 빠져서 왼손으로 하고 있어요."

잠시 후 맹구가 애원하는 목소리로 말했다.

"왼팔도 힘이 빠졌어요. 간호사 아가씨가 좀 도와줘요."

놀란 간호사가 소리쳤다.

"안돼요! 그것은 직접 하셔야……"

"제발 한번만 비틀어줘요."

"안돼요!"

그러자 맹구가 짜증 섞인 목소리로 대답했다.

"그러면 나 안 해! 열리지도 않는 병을 주면서……"

정자의 여행

남자 몸 밖으로 나와 한참을 움직인 정자 한 마리가 혼잣말을 했다.

"대체 얼마나 더 가야 난자를 만날 수 있지? 피곤해 죽겠는데……"

옆에서 열심히 헤엄치던 정자가 비웃으며 말했다.

"인마, 아직 식도도 안 지났어!"

받아봐야 알지

한 정신병원에서 간호사가 입원실을 돌아보고 있었다.
환자가 얌전히 앉아 뭔가를 열심히 적고 있었다.
간호사는 환자에게 다가가 물었다.
"지금 뭐하고 계세요?"
"편지 쓰고 있어요."
간호사는 다시 물었다.
"누구에게 보내는 거죠?"
환자는 귀찮은 듯 퉁명스럽게 대꾸했다.
"그냥 나한테 쓰는 거예요."
"내용이 뭔데요?"
갑자기 환자가 화를 내면서 말했다.
"그거야 받아봐야 알지."

강아지 만들기

어느 날 유치원에 다니는 철수가 아버지와 함께 걷다가 두 마리의 개가 사랑을 나누는 것을 보았다.
철수가 물었다.
"아빠! 왜 큰 개가 작은 개 등에 올라타 있어?"
아버지는 이 기회에 성에 대해 올바르게 가르쳐 주리라 결심하고 대답했다.
"응, 지금 귀여운 강아지를 만드는 중이란다."
"그렇구나."

그날 밤 철수는 화장실에 가다 아버지와 어머니가 사랑을 나누는 모습을 보았다.

철수는 방으로 뛰어 들어가서 말했다.

"아빠! 지금 엄마랑 뭐하는 거야?"

아빠는 순간 당황했지만 솔직하게 대답했다.

"지금 엄마랑 아빠랑 철수 동생을 만들려고 있는 중이야. 귀여운 동생 하나 갖고 싶지 않니?"

낮에 있었던 일이 떠오른 철수가 대답했다.

"아빠, 엄마한테 거꾸로 하자고 해! 나 강아지 갖고 싶단 말이야!"

어떻게 알았지?

옛날 한 양반집에서 딸을 시집보내려고 했지만 걱정이 앞섰다.

사위의 모든 것이 마음에 들었지만 단 한 가지 커다란 코가 마음에 걸렸다.

"코가 크면 그것(?)도 크다는데 딸이 밤마다 힘들어하지 않을까?"

부부는 함께 걱정하다 몸종 삼월이를 불러 알아보게 했다.

남자라면 맥을 못 추는 삼월이는 기뻐하며 사위될 사람과 하룻밤을 보냈다.

다음날 아침 아내는 남편 몰래 삼월이를 불러 물어보았다.

"그래, 어떻더냐? 너무 크지는 않더냐?"

삼월이의 대답을 들은 아내는 기절초풍했다.

"염려 없어요. 나으리와 똑같던데요."

흔들려서 죄송합니다

부부 문제를 전문적으로 다루는 한 정신과 의사에게 상담편지가 왔다. 참으로 이상한(?) 편지였다.

상당한 경력의 정신과 의사였지만 그런 편지는 처음이었다.

"선생님, 우리 남편은 성욕이 무척 강합니다. 변강쇠가 환생한 것 같습니다. 시도 때도 없이 관계를 요구해 괴롭습니다. 저도 신혼 때는 은근히 바랐지만 지금은 힘이 듭니다. 잠자리에서는 물론이고 밥을 먹을 때도, 집안일을 할 때도 자꾸 요구합니다. 어떻게 하면 좋을까요?

(추신) 잠시도 쉴 틈을 주지 않습니다. 글씨가 흔들려서 죄송합니다."

여선생님 대 남학생

한 여선생이 미니스커트를 입고 수업을 하고 있었다. 여선생님이 칠판 위쪽에 글씨를 쓰는데 갑자기 한 학생이 킥킥거리며 웃는 것이었다.

여선생님이 물었다.

"학생, 수업시간에 왜 웃지?"

"방금 선생님 옷 사이로 속옷이 살짝 보여서 웃었어요."

"뭐야! 너 당장 나가! 3일간 정학이다!"

학생이 나간 뒤 다시 글씨를 쓰고 있는데 또 다른 학생이 웃는 것이었다.

"너는 왜 웃어!"

"방금 선생님 옷 사이로 속옷이 많이 보여서 웃었어요."

"뭐야, 너도 나가. 너는 3주간 정학이다."

화가 나서 어쩔 줄 모르다 칠판지우개를 떨어뜨렸다.

칠판지우개를 주우려고 허리를 구부리자 교실이 떠날 갈 듯 커다란 웃음소리가 들렸다.

"뭐야, 누구야?"

선생님이 소리치자 갑자기 한 학생이 가방을 싸서 교실을 나가는 것이었다.

"너는 뭐야, 어디 가."

학생이 대답했다.

"선생님, 제가 방금 본 것을 이야기하면 아마 퇴학일 것입니다."

씨없는 수박

새로 이사 온 한 남자가 집 앞 과일가게에서 수박을 사는데 만나는 사람마다 모두 웃는 것이었다. 집으로 돌아오는데도 지나가는 아줌마들이 낄낄거리며 웃어 남자도 웃으면서 인사를 했다.

집으로 돌아온 남자가 아내에게 말했다.

"이 동네 사람들은 이상해. 왜 나만 보면 웃지."

아내가 웃으면 말했다.

"바지에 붙은 '씨없는 수박' 스티커나 떼세요."

임신은 언제?

한 아가씨가 여관 앞 정류장에서 버스를 타더니 노약자석으로 다가갔다. 노약자석에 앉아 있는 아저씨에게 말했다.

"제가 홀몸이 아니라서 그러니 자리를 좀 양보해 주세요."

"아, 그러세요."

아저씨는 얼른 자리를 양보했다.

자리에 앉은 아가씨를 가만히 살펴보니 아무래도 임신한 여자 같지 않았다.

아저씨가 아가씨에게 물었다.

"실례지만 언제 임신하셨나요?"

아가씨는 아저씨를 째려보면서 말했다.

"방금 여관 앞에서 타는 것을 보셨잖아요. 30분쯤 됐어요!"

남자는 못 이길 걸

한 여자 프로스키어가 멋지게 활강을 하고 나서 박수를 치는 관중 앞에서 자신 있게 말했다.

"저는 눈에서라면 어떤 고난도 기술이라도 보여드릴 수 있어요."

갑자기 관중 속에서 한 남자가 소리쳤다.

"아무리 큰소리를 쳐도 남자에게는 이기지 못할 걸요?"

여자 스키어가 불쾌한 목소리로 반문했다.

"그럴까요? 눈에서만은 남자에게 지지 않을 자신이 있습니다만…… 저를 이길 자신이 있나요?"

남자는 자신 있게 대답했다.

"그럼요."

기분이 상한 여자 스키어는 퉁명스럽게 물었다.

"그래요? 뭘로 겨루실 건가요?"

남자가 웃으면 대답했다.

"오줌으로 눈에 이름 쓰기요."

황당 Q&A

Q : 안녕하십니까? 저는 분유회사에서 일하는 연구원입니다. 언론에서 모유가 분유보다 좋은점을 강조해서 분유 판매량을 감소시키고 있습니다. 도대체 모유가 분유보다 좋은 이유가 뭡니까?

A : 모유는 담겨 있는 용기부터 예쁘지 않습니까?

아줌마, 미장원에 가다

○ 20대 : 최신 유행이 뭔지 물어보고 그대로 해 달라고 한다.

○ 30대 : 우아하고 분위기 있게 해 달라고 한다.

○ 40대 : 무조건 볶는다.

전국아줌마들의 감탄사?

춤바람이 난 아줌마가 카바레에서 섹시한 제비와 춤출 때 원색적인(?) 감탄사가 쏟아지지 않을 수 없다.

깍쟁이 서울 아줌마 : 아~정말 좋아요. 다음에 우리 또 만나요. 아~!

적나라하게 감정을 표현하는 전라도 아줌마 : 으~메 조은 거, 으~메 죽이는 거……

능청을 떠는 충청도 아줌마 : 나~죽어유.

화끈한 경상도 아줌마 : 나를~쥐기~뿌소!

북한 아줌마 : 고저 이 쫑간나 새끼 땜에 정신을 몬차리가서……

섹티즌 10계명

1. 인터넷에는 무수한 성인사이트가 있으니 한 가지 사이트에 연연해하지 말라(다양한 정보를 얻을 수 있다.)

2. 화상은 화상일 뿐이니 화면 속의 행위를 현실에서 할 수 있

을 것으로 착각하지 말라(여자친구에게 버림받는다).

3. 즐겨 찾는 성인사이트를 함부로 말하지 말라(취미생활이 드러나면 다른 사람들에게 '왕따'를 당할 수 있다).

4. 무료 성인사이트를 기억해 자주 들르도록 하라(무료에서도 화끈한 것을 건질 수 있다).

5. 선배 섹티즌은 존경하라(많은 정보를 얻을 수 있다).

6. 화상은 크게 하되 소리는 작게 하라(헤드셋을 이용하면 소리를 크게 해도 된다).

7. 화상에서의 시간에 현혹되지 말라(동영상은 편집이 가능하나 현실에서는 불가능하다).

8. 안 좋은 사이트는 다른 섹티즌에게 말해 줘라(시간 낭비를 즐길 수 있다).

9. 다른 사람에게 특정 사이트를 강요하지 말라(사람마다 취향이 다를 수 있다).

10. 화상 속의 물건(?)을 탐하지 말라(취미는 취미일 뿐이다).

자선파티

못생긴 노처녀 영자는 '천사의 밤'이라는 파티에 초대받아 참석했다.

분위기가 한창 무르익자 한 잘생긴 남자가 다가와 춤을 추자고 요청했다.

영자는 그 남자에게 물었다.

"왜 저를 파트너로 고르셨나요?"

남자는 입가에 미소를 띠면서 말했다.

"정말 이유를 모르시나요?"

영자는 떨리는 마음을 진정시키며 대답했다.

"네, 저보다 예쁜 아가씨도 많잖아요."

남자가 웃으며 말했다.

"오늘 열리는 파티가 자선파티인줄 모르셨나요?"

반말하지 말란 말이야

한 건장한 청년이 바닷가를 걷고 있는데 멀리서 "사람 살려!" 하는 비명소리가 들렸다.

청년이 재빨리 다가가서 보니 한 사내가 물에 빠져 허우적거리면서 "빨리 구해줘! 빨리"라고 다급하게 소리쳤다.

청년은 구할 생각도 하지 않고 쳐다만 봤는데 뒤쫓아 온 다른 청년이 그 사내를 구했다.

사람을 구한 청년이 인공호흡을 하고 나서 서 있던 청년에게 따졌다.

"사람이 죽어가는데 왜 지켜보고만 있어요?"

쳐다보고만 있던 청년이 대답했다.

"반말을 하잖아요."

아침잠 많은 여러분을 위해

1. 수탉을 옆에 묶고 잔다.

– 새벽에 수탉이 우는 소리에 화들짝 놀라 깰 것이다.

2. 욕조에 누워 잔다.

– 타이머 장치를 연결해 아침시간이 되면 찬물이 나오게 해 시원하게 깰 수 있으며 바로 세면할 수 있어 시간이 절약된다.

3. 창문에 돋보기를 달아 얼굴을 그쪽으로 향하게 하고 잔다.

– 아침에 해가 뜨고 햇살이 창문에 비칠 때 돋보기에 그 햇살이 닿게 되고 곧 돋보기는 열을 모아 얼굴을 뜨겁게 달궈 이에 놀라 일어나게 한다.

4. 시한폭탄에 연결한 후 잔다.

– 시한폭탄을 설치한 후 일어날 시간에 맞추고 경고음을 울리게 한 후 5분 내 정지버튼을 누르지 않으면 폭탄이 터지게 한다. 경고음을 듣자마자 잽싸게 깰 것이다.

《주의》 5분 더 자려다 영원히 자는 수가 있다.

5. 몸에 뻬뻬 10여개를 휘감고 잔다.

딱 두 번

신혼여행을 떠난 한 부부가 첫날밤을 치렀다.

사랑을 나눈 후 신랑이 심각한 표정으로 신부에게 물었다.

"자기, 혹시 다른 남자하고 관계가 있었던 거 아니야?"

신부는 펄쩍 뛰며 부인했다.

"아니, 어떻게 저에게 그런 말을 할 수 있어요?"

신랑은 대범한 척 웃으며 신부를 설득했다.

"괜찮아. 요즘 한두 번 관계가 없는 사람이 어디 있어."

신랑의 감언이설에 깜빡 속은 신부가 솔직하게 속내를 털어 놓기 시작했다.

"사실 딱 두 번했어요."

"어떤 남자랑?"

신부의 대답을 들은 신랑은 그만 까무러치고 말았다.

"처음에는 축구팀이었고 두 번째는 오케스트라……."

공통점을 찾아라

※ 다음 세 가지의 공통점은 무엇인가?

1. 검게 탄 붕어빵
2. 서부 총잡이의 죽음
3. 처녀의 임신

답 : 너무 늦게 뺐다.

"그래야"

어느 날 아담이 하느님께 물었다.

"하느님, 이브를 왜 그렇게 예쁘게 만드신 거예요?"

"그래야 네가 이브만 바라보지."

아담은 다시 하느님께 물었다.

"이브의 피부를 왜 그렇게 부드럽게 만드신 거예요?"

"그래야 네가 늘 이브를 만지지?"

이번에는 아담이 불만스러운 목소리로 물었다.

"하지만 이브를 왜 그렇게 멍청하게 만드신 거예요?"

잠시 아담을 바라보던 하느님이 근엄한 목소리로 대답했다.

"그래야 이브가 너를 좋아하지."

피장파장

한 부부가 외출 준비를 했다.

아내가 브래지어를 고르는 데 시간을 끌자 남편이 투덜댔다.

"당신은 가슴도 작으면서 웬 브래지어야? 별로 표시도 안 나는데 그냥 가지."

남편의 말에 화가 난 아내가 흘겨보며 말했다.

"내가 당신이 팬티 입는다고 뭐라고 한 적 있어요?"

해고된 이유

실력과 미모를 고루 갖춘 숙희가 한 회사 사장실 비서로 일하게 됐다.

하지만 숙희는 1주일도 안돼 해고됐다.

숙희 어머니는 숙희에게 물었다.

"아니 네가 뭐가 부족해 해고됐니?"

숙희가 대답했다.

"잘 모르겠어요. 사장님이 부르더니 앉으라고 해서 의자를 찾으니까 갑자기 화를 내며 해고라잖아요."

숙희의 말을 들은 어머니가 한숨을 쉬며 말했다.

"이것아! 사장실에 의자가 어디 있어? 그냥 같이 앉아야지."

과부일기

어느 산골 외딴 집에 과부인 시어머니와 며느리가 살았다.

하루는 소금장수가 지나다 하룻밤 묵기를 청했다.

방이 하나밖에 없었지만 시어머니는 소금을 준다는 말에 소금장수를 재우기로 했다.

시어머니는 걱정스러운 표정으로 며느리에게 말했다.

"저 사람이 몸에 손을 대면 '사과', 옷을 벗기려면 '배', 이상한 짓을 하려고 하면 '딸기'라고 외치 거라."

잠시 후 부스럭거리는 소리가 나자 며느리가 말했다.

"어머니, 과일 샐러드예요."

여자 돼라, 여자 돼

멀쩡한 부인을 두고 매일 바람을 피우는 남편이 있었다.

슬쩍 쳐다보기만 할 뿐 더 이상의 관심을 보이지 않던 부인이 드디어 남편의 사생활을 캐기로 작정했다.

부인은 남편이 애인과 여관에서 만나는 것을 발견하고 남편을 북극으로 쫓아버렸다.

3년이 지난 뒤 '이제는 반성 좀 했겠지'라고 생각한 부인이 북극으로 그를 찾아갔다.

그러나 부인은 북극에서 남편을 보고 까무러치고 말았다.

남편은 곰에게 "여자가 돼라. 여자가 돼라"라고 말하면서 쑥과 마늘을 먹이고 있었다.

깨끗한 컵

친구 세 명이 어느 고급 레스토랑에 가서 주문을 했다.

"난 우유 한 컵 주세요."

"저도요."

"나도 우유로 주세요. 참, 그리고 컵 좀 깨끗한 것에 주세요. 어떤 때는 컵이 더러워서……"

잠시 후, 웨이터가 우유 세컵을 들고 와서는 정중히 물었다.

"아까 어느 분이 깨끗한 컵에 달라고 하셨나요?"

여자가 돼라

땡순이의 남편 맹돌이는 소문난 바람둥이.

매번 바람을 피우다 주변 사람들에게 들키기 일쑤였다.

너무 속상한 땡순이는 고심하다가 결국 여자가 아예 없는 북극으로 맹돌이를 쫓아갔다.

1년이 지난 뒤 "이제는 반성하고, 그 버릇 좀 고쳤겠지"라고 생각한 맹순이는 북극으로 맹돌이를 찾아갔다.

그러나 맹돌이를 본 맹순이는 한숨만 내쉬고 집으로 돌아왔다.

글쎄 북극의 맹돌이는 북극곰을 붙잡아 놓고 쑥과 마늘을 먹이며 이렇게 주문을 외고 있었던 것이다.

"어서 여자가 돼라. 여자가 돼!"

부자와 빈자의 차이

부자는 지갑에 '회원권'을 넣고 다니고, 빈자는 '회수권'을 넣고 다닌다.

부자는 '사우나'에 가서 땀을 빼고, 빈자는 '사우디'에 가서 땀을 뺀다.

부자는 주로 '맨션'에서 살고, 빈자는 주로 '맨손'으로 산다.

부자는 영양과다로 '헬스'클럽에 다니고, 빈자는 영양부족으로 '핼쑥'한 얼굴로 다닌다.

부자는 '개소주'를 마시고 빈자는 '깡소주'를 마신다.

뱃사공과 철학자

어느 철학자가 나룻배를 탔다.

그가 뱃사공에게 철학을 배웠냐고 물었다.

그러자 뱃사공이 고개를 저었다.

"한심한 사람이군. 자넨 인생의 3분의 2를 헛살았구먼. 그렇다면 자네, 문학에 대해서는 공부를 했나?"

역시 뱃사공이 배우지 않았다고 하자, 철하자는 다시 뱃사공에게 인생의 3분의 2를 헛산 것이라고 말했다.

강의 절반쯤을 건너갈 무렵, 갑자기 배에 물이 들면서 배가 가라앉기 시작했다.

이번에는 뱃사공이 그 철학자에게 헤엄치는 법을 배웠냐고 물었다.

철학자는 못 배웠다고 말했다.

이에 뱃사공은 다음과 같이 말했다.

"선생님은 인생 전체를 헛살았군요."

확실한 A/S

어느 백화점 스포츠용품 코너를 처음 맡게 된 남자에게 첫 번째 손님이 찾아와 물었다.

"여기……; 특수용품도 취급하나요?"

그러자 남자가 아주 자랑스러운 듯이 말했다.

"당연하죠! 저횐 A/S도 확실하게 해 드립니다!"

그리고 잠시 눈으로 훑어보던 손님이 다시 물었다.

"그럼……. 낙하산도 판매하나요?"

"당근이죠! '날자 스포츠사'의 낙하산이 가장 좋습니다. 자, 한

번 보시죠?"

그러면서 남자는 그 손님에게 견본품을 보여주었다.

그렇지만 손님은 약간 고민하는 듯한 표정을 지었다. 그것을 눈치 챈 남자는 즉각 다시 물었다.

"저……; 손님 왜 그러시죠?"

"이거……; 스카이 다이빙할 때 사용할 건데, 만약에 낙하산이 펴지지 않으면 어떻게 합니까?"

그러자 점원은 웃으며 대답했다.

"전혀 걱정하지 마십시오! 만약에 낙하산이 안 펴지면 곧장 가져오세요! 즉시 A/S 해드리겠습니다!"

저승사자의 실수

중년의 한 여인이 심장마비로 병원에 실려 갔다.

수술대 위에서 거의 죽음 직전에 이르자 여인은 저승사자를 만났다.

이것으로 이제 끝이냐고 물었더니 저승사자는 아니라며 오늘은 옆 수술대 사람을 데리러 왔다면서 그녀는 앞으로 30~40년은 더 살 것이라고 말했다.

병이 회복되고 퇴원을 한 후 그녀는 얼굴 주름제거수술을 하고 지방흡입수술도 했으며 머리도 까맣게 염색했다.

앞으로 30~40년은 더 살 것이니 이왕이면 예쁘게 사는 것이 좋지 않겠는가 하는 생각에서였다.

그런데 염색한 다음날 그만 차에 치여 사망하고 말았다.

그녀는 자신을 데려가는 저승사자에게 물었다.

"제가 30~40년은 더 살 거라면서요?"

그러자 저승사자, 이렇게 대답했다.

"너무 젊어져서 못 알아봤다!"

재치 있는 복수

재치 있는 남자가 새벽 4시에 전화소리 때문에 잠이 깼다.

"당신네 개가 짖는 소리 때문에 한잠도 못자겠소."

재치 있는 남자는 전화해줘서 고맙다고 인사한 후 전화 건 사람의 전화번호를 물었다.

다음날 새벽 4시에 재치 있는 남자는 이웃사람에게 전화를 걸었다.

"선생님, 저희 집에는 개가 없습니다."

경상도 할머니

어느 시골 버스정류장에서 할머니 한 분이 버스를 기다리고 있었다.

20여 분을 기다리자 버스 한대가 왔고 할머니는 무거운 짐을 든 채로 힘겹게 버스에 올라탔다.

버스는 정류장들을 거쳐 어느덧 종점에 다다르고 있었다.

그때 할머니가 길을 몰라서 안 내리시는 줄 알고 내심 걱정이 되었던 버스기사가 갑자기 큰 소리로 외쳤다.

"저기, 할머니~! 어디 가시나요?"

그러자 할머니 왈,

"그래, 나 경상도 가시나다~! 우짤래?"

부부가 밤에 보는 해

○ 첫날밤을 지낸 신혼부부

  신부 : 만족해……:

  신랑 : 행복해……:

○ 3년 동안 산 부부

  신부 : 더 해!

  신랑 : 그만해……:

  신부 : 뭐해?

  신랑 : …….

너를 불태우며

나는 너를 약간의 돈을 주고 샀다.

나는 너의 옷을 사정없이 벗겨버렸다.

아니, 찢어버렸다고 해야 옳을 것이다.

그리고 수없이 씹어가며 너를 불태웠다.

그러나 결국 나는 너를 무자비하게 버렸다.
너는 꺼져갔다. 서서히, 서서히……
나를 처음 만났을 때처럼……
그때 누군가 내가 말했다.
"여보슈……. 담배꽁초 아무 데나 버리지 마슈."

여자에게 사랑받는 법

1. 여자의 일에 11이 간섭하지 않으며
2. 해주는 음식에 22가 없어야 하며
3. 얼굴과 몸매는 33해야 되고
4. 여자가 내리는 결정에 44건건 참견하지 않으며
5. 침대에서는 55 하고 소리 나게 해 주어야 하며
6. 때로는 과감하게 66·69체위도 할 줄 알아야 하며
7. 성격은 77맞아야 하며
8. 정력은 88해야 하고
9. 언제나 늘 99하고 자상하게 말을 해야 하며
10. 경제력은 00(빵빵)해야 한다.

월드컵 야사

2002년 월드컵 개최의 일등공신은 누구인가?
바로 김홍국이다.

한·일 공동개최나마 딴 것은 다 김홍국의 공이다.

그의 축구사랑, 나라사랑의 정신은 후세에 전달해야 하며 교과서에도 기록해야 한다.

월드컵 개최국 투표일에 김홍국이 보여준 행동은 여러 투표위원의 마음을 흔들었다.

투표가 시작될 무렵 김홍국은 대기석에 앉아 있는 투표위원들 앞에서 호랑나비를 부르며 춤을 췄다.

김홍국의 공연을 본 모든 투표위원은 이구동성으로 다음과 같이 소리쳤다.

"오우! 유치해. 야, 유치해라!!"

이래서 한국은 월드컵을 유치하게 됐다.

한애 나와!

어느 남녀공학 교실에서 학생들이 수업을 듣고 있었다. 짝꿍인 강멀구와 임한애는 수업 중에도 시간만 나면 잡담을 하느라 정신이 없었다. 참다못한 선생님이 버럭 소리쳤다.

"멀구랑 한애, 이리 튀어나오지 못하겠어!"

그 순간 맨 앞줄에 앉은 맹자가 고개를 푹 숙인 채 앞으로 나오며 말했다.

"저예요……"

사위와 오이

독신을 고집하는 어느 노처녀가 있었다. 그녀에게 있어 남자란 귀찮은 존재에 불과했다. 심지어 성적인 욕구도 오이 하나만 있으면 해결된다고 생각했다. 아버지가 아무리 설득해도 그녀는 막무가내였다. 며칠 후 그녀는 자신의 오이를 안주 삼아 술을 마시는 아버지를 발견하고 물었다.

"아버지, 지금 제 오이를 가지고 뭐하시는 거예요?"

그러자 아버지가 말했다.

"나, 지금 사위와 술 한 잔 하고 있다 왜?"

콘돔과 가정부

두메산골 출신의 한 여자가 서울로 올라와 어느 부잣집 가정부로 취직했다. 하지만 부잣집 사모님은 시골 출신이라는 이유만으로 그녀를 무시하기 일쑤였다. 그러던 어느 날 시골 가정부는 안방 청소를 하던 중 쓰다 버린 콘돔을 발견했다.

태어나서 콘돔이라는 물건을 처음 본 가정부는 그것이 무엇인지 궁금해 견elf 수가 없었다. 결국 가정부는 용기를 내어 사모님에게 그것이 무엇인지 물어보았다.

그러자 사모님은 역시 경멸하는 눈초리로 가정부를 쳐다보면서 말했다.

"시골에서는 밤에 사랑도 안하나 보죠?"

그 말을 들은 가정부는 놀란 표정으로 말했다.

"하기는 하는데유, 껍데기가 벗겨질 정도로는 안 해유."

어떻게 알았지?

바람둥이 소희가 결혼했다. 신혼여행을 가서 뜨거운 첫날밤을 보낸 소희는 신랑 영철이에게 물었다.

"자기, 나 말고 다른 여자가 있지?"

역시 바람둥이였던 영철이는 깜짝 놀랐지만 시치미를 떼고 태연하게 말했다.

"아니, 당신이 첫 여자야."

소희는 화난 얼굴로 다시 물었다.

"거짓말하지 마. 여자가 없는데 어떻게 이렇게 능숙할 수가 있어?"

이 말을 들은 영철이가 기가 막혀 소희에게 물었다.

"당신은 어떻게 내가 능숙한 줄 알았지?"

내 말이 맞지?

고구마와 감자가 길을 걸어가고 있었다. 한 공원을 지나는데 찹쌀떡이 앉아 있었다. 고구마가 말했다.

"야, 고구마. 저 찹쌀떡 진짜 예쁘지 않니?"

갑자기 퉁명스럽게 대꾸했다.

"뭐가 예쁘냐?"

"저것 봐. 하얀 얼굴이 너무 예쁘잖아."

이때 칭찬을 들어 쑥스러워진 찹쌀떡이 돌아앉자 찹쌀떡에서 하얀 밀가루가 떨어져 내렸다.

감자가 말했다.

"내 말이 맞지! '화장판'이잖아."

남자들이랑

한 부부가 행복하게 살고 있었다. 갑자기 아무런 이유 없이 아내가 죽었다. 슬픔에 잠긴 남편은 3일장을 치렀다.

관을 집 밖으로 내는 도중에 인부들이 그만 관을 떨어뜨렸다. 그 바람에 관 속에 있던 아내가 다시 살아났다. 이후 30년쯤 잘 살았다.

아내가 다시 죽었다. 또다시 3일장을 치른 남편이 관을 내는 인부들에게 말했다.

"조심해서 떨어뜨리지 말게. 제발 조심해서……."

쉬는 날

타고 가던 배가 난파돼 한 무인도로 피신한 영희 같이 살아 남은 6명의 남자와 함께 지냈다. 하루는 영희가 그 섬에서 가장 높은 언덕에 올라 혹시 배가 지나가지 않나 유심히 봤다.

멀리 희미한 점이 보여 영희는 "살려 달라"고 열심히 소리쳤다. 점점 가까워지고 보니 한 남자가 뗏목을 타고 이쪽으로 오고 있는 것이었다.

영희는 한숨을 푹 내쉬며 말했다.

"이제는 일요일도 없겠군."

고민

중학교에 입학한 아들이 엄마에게 말했다.

"엄마, 중학생이 되니깐 시험문제랑 숙제까지도 너무 엄해진 것 같아요."

"엄해지다니! 공부하기가 힘드니?"

그러자 시무룩한 표정으로 아들이 말했다.

"그게 아니구요. 초등학교때는 '풀어봅시다~' '답해보세요~' 였는데 지금은 '풀어', '답해라'라고 하거든요."

기막힌 도둑들

1. 도둑 막으려고 달아놓은 경보장치를 뜯어가는 도둑.
2. 비무장지대에서 지뢰 파가는 도둑.
3. 경비회사 털어가는 도둑.
4. 도둑이 훔쳐온 물건 훔쳐가는 도둑.

세 아들

한 시골에서 자란 세 아들이 서울에 올라와서 성공을 했다.

아들들은 시골에 혼자 계신 어머니를 위해 선물을 보내드리기로 했다.

큰아들 : 난 어머니를 위해 큰 집을 지어 드렸어.

둘째아들 : 난 기사가 딸린 멋진 자가용을 보내 드렸어.

막내아들 : 어머니는 성경 읽기를 좋아하시는데 이제 눈이 침침해지셨잖아. 그래서 나는 성경을 통째로 다 외운 앵무새를 보내드렸어. 어머니가 몇 장 몇 절만 얘기하시면 앵무새가 읊어드릴 거라구.

몇 주일 뒤에 어머니에게서 답신이 왔다.

(큰아들에게) "네가 지어준 집은 너무 크구나. 난 방 하나만 사용하는데 나머지 11개의 방을 다 청소하느라 허리가 휠 지경이란다."

(둘째아들에게) "난 늙어서 차는 못타고 집에만 있단다. 그런데 그 기사는 어제 차에서 굶어 죽은 것 같더라."

(막내아들에게) "보내준 닭은 맛있게 잘 먹었다."

나이도둑

나이가 많은 한 노인이 지리산 기슭에서 사슴을 기르고 있었다.

어느 날 사슴피를 먹으러 온 신사가 물었다.

"사슴이 전부 몇 마리나 됩니까?"

"오늘 낳은 새끼 세 마리를 합해서 1백 87마리요."

"영감님 혼자서 다 키우시나요?"

"그럼, 나 혼자 사육하고 있소."

"참 힘드시겠습니다. 실례지만 오해 연세는 어떻게 되십니까?"

"뭐, 나이랄 게 있소. 80은 넘었는데 끝자리는 잘 모르겠구려!"

"아니, 사슴 숫자는 그렇게 정확히 아시면서 본인의 나이를 모르신다니 이해할 수가 없군요."

"전혀 이상할 것 없소! 사슴은 도둑질해 가는 사람이 있어 매일 헤아리고 있지만, 뭐 내 나이는 훔쳐가는 사람이 없으니 기억할 필요가 없지 않소?"

신통 다이어트법

확실히 살을 빼준다는 광고를 보고 떵떵이는 전화를 걸었다.

떵떵 : 여보세요. 거기 정말 확실하게 살 빼주나요?

상담원 : 네, 그럼요. 3단계가 있는데요. '초보자용'으로 먼저 해보세요.

떵떵 : 네, 그럼 오늘 당장 보내주시죠.

한 시간 후 커다란 상자가 배달되었다. 열어보니 원피스 수영복을 입은 여자가 나와 이야기를 했다.

여자1 : 한 시간 안으로 절 잡아보세요. 그럼 전 당신 거예요.

떵떵 : 정말요?

여자1 : 네, 그럼 시작합니다. 시~ 작!

한 시간 후 땀을 뻘뻘 흘리는 떵떵이, 하지만 그녀는 너무나 빨라 잡을 수 없었다. 하지만 한 시간 만에 5kg이 빠져 있었다.

떵떵 : 어? 정말 빠지네.

전화를 다시 걸었다.

상담원 : 네.

떵떵 : 아, 정말 확실한데요. 그럼 2단계로 보내주세요.

한 시간 후 또 다른 상자가 도착했다. 그 안엔 비키니 수영복을 입은 여자가 나왔다.

여자2 : 절 한 시간 안으로 잡아보세요. 그럼 전 당신 거예요.

한 시간 후 또 땀을 뻘뻘 흘리는 떵떵이, 하지만 그녀도 너무나 빨라 잡을 수가 없었다. 하지만 살이 10kg이 빠져 있었다.

떵떵이 회심의 미소를 지으며 이번엔 확실하게 잡겠다는 마음으로 다시 전화를 건다.

상담원 : 네. 3단계로 넘어가시려고요? 하지만 이건 너무 위험한 방법이라 조금 우려가 되는데요.

떵떵 : 괜찮습니다. 빨리 보내주세요.

한 시간 후 또 다른 상자가 배달되었다. 하지만 그 안엔 여자가 아닌 곰이 나왔고 종이에 이렇게 쓰여 있었다.

'이번엔 내가 당신을 잡을 거예요. 잡히면 당신은 내꺼!'

불침번

일직사관이 순찰을 돌고 있었는데 이게 웬일인가?

아무리 둘러봐도 불침번 근무자가 보이지 않는 것이다.

성격 안 좋은 일직사관.

"불침번 어디 있어?"라고 고함을 지르며 병사들을 깨웠다.

그러자 한 내무반에서 개미소리처럼 작은 목소리로,

"저……, 여기 있습니다'라는 말이 들렸다.

다가가 보니 불침번 근무자는 이불을 덮고 누워 있는 것이 아닌가?

일직사관이 화가 잔뜩 나서 소리쳤다.

"아니, 근무자가 왜 이불 속에 들어가 있나?"

그러자 불침번이 대답했다.

"저……. 잠복근무중인데요."

거울의 좌변기

앉을 때…….

차가우면 차가운 대로 짜증나고, 따뜻하면 따뜻한 데로 짜증난다.

이별이란

전화기 들고 밤새우던 나, 술병 들고 밤새우는 것.

주말마다 예쁜 옷 입고 데이트 나가던 나, 주말마다 추리닝

입고 목욕탕 가는 것.

친구가 커플링 받았다고 말할 때 "그이한테 사 달래야지" 하던 나, "열심히 아르바이트 해야지." 자립심이 생기는 것.

늦어서 버스 끊어진 날 "자기 나 데리러 와줘." 하던 나, "아저씨 ○○동 따따불~!" 험한 세상에 적응하는 것.

밸런타인데이에 "울 자기 줄 초콜릿 이것저것 다 사야지." 하던 나, "상업성에 놀아나는 불쌍한 인간들!" 합리적인 사람이 되어가는 것.

12월초부터 성탄절 기다리던 나, "난 원래 불교신자였어." 종교적 정체성을 찾아가는 것.

누군가 데이트 신청을 하면 "어머 저 남자친구 있는데요." 하던 나, "저……; 사랑하는 사람이 있어요." 그 사람을 지우지 못하는 것.

우리 아들은 강하다

고등학생인 영철이가 아버지와 뒷산을 올랐다. 영철이는 오랜만에 산을 올라 무척 힘이 들었지만 막상 정상에 도착하니 상쾌했다.

평소 산을 자주 오르시는 아버지는 정상에서 친구들과 심각한 표정으로 이야기를 하셨다.

무척 곤란한 일이 생긴 것 같았다.

하지만 아버지는 주위 사람들에게 자신 있는 목소리로 말했다.

"우리 아들이 할 수 있어. 걱정하지 마!"

아버지는 땀을 흘리고 있는 나를 보며 친구들이 들으라는 듯 큰소리로 말했다.

"영철아! 내려가서 담배 좀 사오거라."

정말 튼튼한 침대

외동딸을 결혼시키게 된 명자가 침대를 사기위해 가게를 찾았다. 명자는 주인에게 말했다.

"우리 외동딸의 혼수로 쓸 거니까 좋은 물건 좀 보여줘요."

주인은 침대를 팔기 위해 설명에 열을 올렸다.

"이 제품은 디자인이 아주 세련됐고요, 저 제품은 쿠션이 뛰어나거든요."

설명을 들은 명자는 "마음에 들지 않는다" "촌스럽다"며 계속 퇴짜를 놓았다.

주인은 점점 화가 나기 시작했다.

명자가 한 침대를 가리키면서 물었다.

"이건 어때요? 예쁘기는 한데 좀 약해 보이네요."

주인이 퉁명스럽게 대답했다.

"무슨 소리예요. 그건 아마 따님이 결혼을 몇 번 더 해도 끄떡없을 거예요."

아빠는 토끼

모처럼의 휴일에 상수는 여섯 살배기 딸 영희와 놀고 있었다. 한참 깔깔거리고 놀던 영희가 갑자기 달력을 가리키더니 물었다.

"아빠, 올해가 토끼해야?"

상수가 달력을 쳐다보니 달력 첫 장에 토끼 한 마리가 풀을 뜯고 있는 사진이 실려 있었다. 일일이 설명하기 귀찮았던 상수는 토끼해가 맞다고 대답했다. 영희가 손뼉을 치면서 말했다.

"야, 그럼 올해가 아빠해구나!"

깜짝 놀란 상수가 물었다.

"영희야, 왜 토끼해가 아빠해야?"

영희가 대답했다.

"엄마가 이모한테 그러는데 아빠는 토끼(?)래."

아니, 어떻게

열대 바닷가에서 두 남자가 일광욕을 즐기고 있었다.

한 남자가 옆에 누워 있는 남자에게 말했다.

"제가 여기 온 것은 우리집에 불이 나서 내가 가지고 있던 모든 것이 타버렸기 때문이죠. 보험회사가 전부 **보상해줬어요.**"

그 말을 들은 남자가 놀란 표정으로 말했다.

"참, 신기하네요. 저도 보험회사가 보상해줘 여기에 왔거든요. 홍수 때문에 모든 것을 잃어버렸죠."

처음 말을 걸었던 남자가 주위를 두리번거리더니 조용히 물었다.

"불내는 것은 그렇다고 해도 홍수는 어떻게 냈습니까?"

나도 죽여줘

한 살골 마을에 과부가 된 시어머니와 며느리가 살고 있었다.
하루는 도둑이 들었다.

한참을 뒤지던 도둑은 훔칠 것이 하나도 없자 며느리를 데리
고 옆방으로 가면서 미안했던지 시어머니에게 말했다. "내 죽이
러 가는 것이니 노인은 운이 좋은 줄 아슈."

옆방에서 한참 사랑을 나누는 소리가 들렸고 도둑은 만족한
표정으로 방을 나왔다.

갑자가 시어머니가 도둑의 다리를 붙잡더니 소리쳤다.

"그렇게 죽이는 거면 나도 죽이고 가."

여자 돼라, 여자 돼

바람둥이인 철호는 애인과 여관에서 만나다 아내 미숙이에게
들켜 북극으로 쫓겨 갔다.

1년이 지난 뒤 '이제는 반성했겠지'라고 생각한 미숙이가 북
극으로 철호를 찾아갔다.

철호를 본 미숙이는 한숨만 내쉬고 집으로 돌아왔다.

철호가 변성은커녕 북극곰을 붙잡아 놓고 쑥과 마늘을 먹이

며 "여자가 돼라. 여자가 돼라"라고 속삭이고 있던 것이다.

어디긴 어디야

밤을 새우면 일을 한 영철이가 피곤한 나머지 지하철을 타고 가다 깜빡 졸았다. 졸다 정신을 차린 영철이는 자기가 내려야 하는 역이 지난 것 같아 깜짝 놀랐다.

당황한 영철이는 급한 김에 옆 사람을 쿡 찌르며 물었다.

"아저씨 여기가 어딘가요?"

갑자기 옆구리를 찔린 아저씨는 점잖은 목소리로 대답했다.

"어디긴 어디야, 옆구리지."

영철이는 다시 그 사람에게 물어볼 수가 없었다.

얼굴을 들 수 없을 만큼 창피했지만 어느 역인지 확인하기 위해 고개를 들고 창 밖을 봐야만 했다.

왜 그렇게 많아?

다섯 살배기 철수가 아침밥을 먹다가 엄마에게 물었다.

"엄마, 나 궁금한 것이 있는데?"

엄마가 대답했다.

"우리 철수, 뭐가 궁금하지?"

철수가 눈을 빛내며 물었다.

"왜 아빠는 머리카락이 없어?"

순간 당황한 엄마는 마땅한 대답이 생각나지 않아 얼른 둘러 댔다.

"응. 그것은 아빠가 생각을 많이 해서 그런 거야."

엄마는 변명치고는 괜찮았다는 생각에 흐뭇했다.

철수가 다시 물었다.

"그런데 엄마는 왜 그렇게 많아?"

아니예요

노처녀 영자는 독신자 아파트에 살고 있다.

매일 아파트 앞 과일가게에서 바나나를 1개씩 사가던 영자가 하루는 바나나를 2개 집어 들었다.

깜짝 놀란 과일가게 아저씨가 물었다.

"아니, 오늘은 2개나 사가려고요?"

갑작스러운 물음에 당황한 영자가 대답했다.

"어머! 아니예요. 하나는 먹을 거예요."

자취생의 식단

○ 평소 : 라면을 먹는다.
○ 새로운 것이 먹고 싶다. : 라면에 파를 넣어 먹는다.
○ 폼 나게 먹고 싶다 : 라면에 포도주를 곁들여 먹는다.
○ 몸보신을 하고 싶다 : 라면에 계란을 넣어 먹는다.

○ 배가 고프다 : 라면을 불려 먹고, 그래도 배가 고프면 밥을 말아 먹는다.

○ 고기가 먹고 싶다 : 쇠고기 라면을 끓여 먹는다.

○ 라면이 질린다 : 라면에 커피를 타서 먹는다.

○ 색다른 것을 먹고 싶다 : 컵라면을 끓여 먹는다.

위장은 철저히

여군 부사관인 수희는 산 속에 있는 특수부대에서 첫 근무를 하게 됐다.

날씨가 더워 땀이 비 오듯 쏟아졌다.

수희는 계곡을 지나다 주위를 둘러본 뒤 사람이 없는 것을 확인한 후 옷을 벗고 계곡에 몸을 담그고 씻기 시작했다.

그때 갑자기 장교가 나타났다. 수희는 얼른 옷을 걸치고 경례를 했다.

장교는 씩 웃으며 "이놈들 호강했군"이라고 말하더니 큰소리로 호령했다.

"위장부대 차려, 위장부대 앞으로 가!"

호령이 끝나자마자 계곡 주위를 둘러싸고 있던 나무들이 일어나 휘파람을 불며 일렬로 걸어가기 시작했다.

빨리 넣어

영철이는 은행에서 일한다. 하루는 영철이가 일하는 은행에 여자 강도가 나타났다.

여자 강도는 칼로 영철이를 위협한 후 자루를 꺼내면 소리쳤다.

"자! 꾸물거리지 말고 벌리고 있는 동안에 빨리 집어넣어!"

영철이는 겁에 질려 떨리는 목소리로 말했다.

"다른 사람들이 다 보잖아요?"

여자 강도는 다시 한번 위협하며 말했다.

"다 보라고 하는 짓이야! 말로 할 때 빨리 넣어!"

"정말요?"

"한번만 더 물어보면 칼맛을 보여줄 거야."

그러자 영철이는 결심한 듯 바지를 벗더니 떨리는 손으로 여자 강도의 바지지퍼를 내리는 것이었다.

영철이는 어떻게 됐을까?

도둑의 유언

남의 물건을 훔치는 데 일가견을 갖고 있는 한 도둑이 죽음을 맞게 됐다.

그 도둑은 세상을 뜨기 전에 좋은 일 한 가지를 해야겠다고 마음먹고 절친한 친구를 불렀다.

"이보게, 내 자네에게 줄 게 있네."

친구는 반색을 하며 물었다.

"아니, 그게 뭔가?"

"보석일세."

친구는 웃음을 참으며 침을 꿀꺽 삼킨 뒤 도둑친구에게 다가가 말했다.

"그럼 어서 주게."

도둑은 잠시 뜸을 들이다가 말했다.

"그것은 우리 옆집인 강 회장집 서재 책상 세 번째 서랍에 있네. 잘 가져가게."

키스에 대한 짧은 생각

○ 아인슈타인 : 키스하는 사람의 시간은 안하는 사람보다 훨씬 빨리 지나간다.

○ 뉴턴 : 키스했던 사람은 계속 하려고 한다.

○ 도미노 현상 : 옆 사람이 키스하면 나도 하고 싶어진다.

○ 한국사람 : 사촌이 키스하면 배가 아프다.

○ 공자 : 아침에 일어나 키스하면 저녁에 죽어도 좋다.

○ 도플러 : 키스는 벼락처럼 다가와 안개처럼 사라진다.

○ 다윈 : 뽀뽀가 진화하면 키스가 된다.

○ 이순신 장군 : 내가 키스한 사실을 우리 마누라에게 알리지 말라!

황당 휴대폰 AS상담

- 휴대폰이 안 됩니다. 상대편 목소리는 잘 들리는데 제가 말하는 건 통 전달이 안 되나 봅니다. '여보세요, 여보세요' 하다가 끊어버리곤 합니다. 제대로 통화를 할 수가 없습니다. 스피커 쪽에 문제가 있나요? 잘 좀 고쳐 주세요.

○ 인간관계가 좋지 못하시군요. 휴대폰보다 성격을 고쳐보세요.

- 다른 데선 안테나가 잘 터지는데요. 집에서만 안 터져요.

○ 휴대폰은 다이너마이트가 아닙니다.

- 전화는 잘 걸리는데 전화오는 건 안 되더군요. 다른 사람들은 제가 일부러 전화를 안받는다고 알고 있어요. 어디에 문제가 있는 거지요?

○ 휴대폰 송수신은 둘 중에 하나만 안 될 수는 없습니다. 혹시 지난번에 제가 성격 고치라고 한 분이 아니신가요?

- 벨소리가 너무 작아요. 어느 날 휴대폰을 꺼내 보았더니 부재중 전화가 10통이더군요. 벨 소리를 증폭시킬 수는 없나요?

○ 귀가 잘 안들 리시면 진동모드를 이용해보세요.

실수로 휴대폰을 물에 빠뜨렸는데 전혀 작동이 안돼요. 산지 얼마 되지도 않았는데 벌써 갖다 버려야 하는 겁니까?

○ 예, 제발 버리십시오. 위생상으로도 안 좋습니다. 다들 물이라 하지만 냄새 맡으면 금방 알 수 있지요.

손 대기 없기

할아버지와 할머니가 살고 있었는데 싸움을 하면 언제나 할머니의 승리로 끝났다.

할아버지는 어떻게든 죽기 전에 할머니에게 한 번 이겨보는 게 소원이었다.

그래서 생각 끝에 할아버지는 할머니에게 내기를 하자고 했다.

내기 내용인 즉, '오줌 멀리 싸기'였다.

그런데 결과는 또 할아버지가 지고 말았다.

당연히 할아버지에게 유리한 게임이었지만 시합 전 할머니의 단 한 마디의 조건 때문에 진 것이다.

"영감! 손 대기 없시유~ !"

오해

어느 날 저녁, 공원을 산책하고 있었다.

한 아저씨가 커다란 개를 데리고 벤치에 앉아있었다. 개를 좋아하는 나는 그 아저씨에게 다가갔다.

"아저씨, 아저씨 개는 사람을 무나요?"

"허허, 내 개는 사람을 물지 않지."

엄청나게 큰 개였지만 나는 그 말에 안심하고 개를 쓰다듬었다.

헉, 그런데 갑자기 사나워진 개에게 물려버렸다.

"아저씨! 안문다고 그랬잖았요!"

그러자 아저씨가 하는 말,

"이 개는 내 개가 아녀~ !"

날 좀 잡아줘

기숙사에서 같이 지내는 한 남자가 친구에게 말했다.

"야, 부탁이 있어. 실은 말이야 매일 밤 같은 꿈을 꾸는데, 샤론 스톤이 매일 내 방에 와서 자고 있는 나를 덮쳐. 미치겠어."

"그래서 넌 당하고만 있었냐?"

"필사적으로 그녀를 밀어버려 못하게 하지."

"암튼, 그래서 원하는 게 뭐야?"

"옆에서 자다가 내가 반항하지 못하게 꼭 좀 잡아줘!"

은행강도 이야기

은행강도 두 명이 1백만원권 묶음 1백 다발을 털어서 심야의 공동묘지로 도망쳤다.

서두르다 묘지 입구에 돈다발 두 개를 떨어뜨렸다.

"에이, 나올 때 가져가지 뭐."

강도들은 무덤 뒤에 숨어 돈 다발을 나눠 갖기 시작했다.

"너 하나, 나 하나, 너 하나, 나 하나……."

이때 늦은 밤 제사를 지내고 돌아오던 땡돌이가 그 소리를 들었다.

땡돌이는 공포에 질려 묘지 관리인에게 달려갔다.

"아, 아저씨 저기 무덤 뒤에서 유령들이 시체를 나눠 갖고 있어요."

관리인은 땡돌이와 함께 살금살금 무덤가로 다가갔다.

그러자 이런 소리가 들렸고 둘은 기절하고 말았다.

"너 하나, 나 하나……. 참! 입구에 있는 두 개 잊지 마."

비만 측정법

1. 휴대용 CD플레이어를 허리에 차고 거울을 본다. CD플레이어가 워크맨처럼 보이면 비만이다.

2. 그림이 있는 티셔츠를 입고 거울을 본다. 배에 있는 그림이 입체감 있게 보이면 비만이다.

3. 좌향좌를 했을 때 몸통이 왼쪽으로 돌아가는 시간과 뱃살, 엉덩이살 등이 돌아가는 시간차가 0.5초 이상 나면 비만이다.

4. 따귀를 맞을 때 '짝'소리가 나지 않고 '철퍼덕'소리가 나면 비만이다.

5. 번지 점프때 2차 충격을 느끼면 비만이다. (1차는 줄에 의한 충격으로 몸통은 정지했는데 살은 계속해서 진행하려 하기 때문에 오는 충격)

황당한 말 실수

고1 때 국어 과정 중 가장 어려운 부분이라면 〈관동별곡〉(6차 교육과정)을 뽑을 겁니다. 〈관동별곡〉 시간이 지나고 이후 전도를 나가고 있었는데 관동별곡이 워낙 어려우니 울반 한 애

가,

"선생님, 관동별곡 훑어줘요."

"안 돼. 이 거(지금 나가고 있는 것) 나가야지……"

"아, 선생님 관동별곡 훑어줘요~~."

여러분도 아시겠지만 어차피 안 되는 거 알면서 그저 조르는 애들 있잖습니까? 걔는 계속해서 "선생님, 관동별곡 훑어줘요." 를 반복해서 말했습니다.

그러다가 말 한 마디 실수로 자퇴까지 생각해 봤다는……(참고로 그 선생님은 중년을 바라보지만 아직도 상당히 예쁜 여선생님임)

"선생님, 관동별곡 핧아줘요."

누구야?

고등학생인 숙희가 야간자율학습을 마치고 밤늦게 집에 가고 있었다.

어두침침한 골목길을 가는데 한 남자가 뒤에서 계속 따라오는 것이었다.

덜컥 겁이 난 숙희는 뛸까 태연한 척하면서 걸어갈까 고민에 빠졌다.

그때 마침 앞에서 아줌만가 걸어오는 것이 보였다. 숙희는 엄마를 만난 것처럼 얼른 아줌마에게 다가가 말을 걸었다.

"엄마! 나 늦었지?"

'에지 괜찮겠지'라고 생각한 숙희는 뒤 따라오던 남자의 말을 들고 당황해 얼굴이 빨개졌다.

남자가 그 아줌마에게 말했다.

"엄마! 애 누구야?"

아마도

한 정신과 의사가 의과대학 학생들을 놓고 수업을 하고 있었
다.

"어떤 환자가 있습니다. 그 사람은 몇 분 동안 미친 듯이 화
를 내며 고함을 치다가 다시 자기 자리에 앉아서 울먹이기 시
작했습니다. 이런 환자를 어떻게 진단하겠습니까?

그러자 뒤에 앉아 있던 한 학생이 소리쳤다.

"제 생각에는 그 사람이 농구팀 코치인 것 같은데요."

철호는 좋겠네

한 여자가 아주 짧은 치마를 입고 걸어가고 있었다.

그 모습을 본 철호는 슬금슬금 여자의 뒤를 쫓았다.

그녀가 막 육고 위로 올라가는데 뒤따르던 철호가 말했다.

"팬티 보인다. 팬티 보인다."

여자는 철호의 말을 무시한 채 그냥 육교로 올라갔다.

철호는 다시 한번 소리쳤다.

"팬티 보인다. 팬티 보인다."

육교 아래로 고래를 돌린 그 여자가 철호를 쏘아보면서 말했
다.

"야, 인마! 어떻게 입지도 않은 팬티가 보이냐?"

역시 그렇군

동업을 하는 동수와 성진이 젊고 예쁜 여비서 한명을 새로
고용했다.

동수와 성진은 누가 먼저 여비서와 침대로 갈 수 있는지 내
기를 했고, 동수가 이겼다.

성진이가 물었다.

"어땠어?"

동수는 목에 힘을 주며 말했다.

"글쎄, 우리 마누라가 더 나은 것 같아."

며칠 후 성진이도 여비서와 잠을 자게 됐다.

동수가 성진이에게 물었다.

"어땠어?"

성진이가 고개를 끄덕이면서 말했다.

"역시 자네 말이 맞는 것 같아."

처음부터 벗고 있었어

영자는 남편 영호의 속옷을 세탁기에 넣기 전에 꼼꼼히 살펴

보는 버릇이 있었다.

하루는 영호가 벗어놓은 속옷에서 빨간 립스틱 자국을 찾아 냈다.

영자가 남편을 무섭게 다그쳤다.

"이게 도대체 뭐야? 무슨 일인지 말해!"

영자가 무섭게 다그치자 영호는 기가 죽어서 말했다.

"나는 억울해! 왜 그게 묻었는지 나도 정말 몰라!"

영호의 말에 콧방귀를 뀌며 영자가 말했다.

"억울해? 정말 모른다고?"

영자의 표정을 살피던 영호는 불쌍한 얼굴로 대답했다.

"정말 몰라! 그때 나는 처음부터 다 벗고 있었단 말이야."

남자 대 여자

1. 남자의 얼굴은 이력서고 여자의 얼굴은 청구서다(남자는 살 아온 세월이 얼굴에 드러나고 여자는 들인 돈의 액수가 얼굴에 드러난다).

2. 남자는 첫사랑에게 전화기 왔을 때 궁금해 하지만 여자는 사는 것이 힘들 때 첫사랑을 생각한다.

3. 길을 걸을 때 남자는 여자를 보고 여자도 여자를 본다(남자 는 여자의 얼굴과 몸매에 관심을 갖지만 여자는 다른 여자의 옷·화장·액세서리에 관심을 갖는다).

4. 결혼식 때 남자는 겉으로 웃지만 속으로는 울고 여자는 겉 으로 울지만 속으로 웃는다.

5. 실연을 당하면 남자는 술로 잊고 여자는 수다로 잊는다.

아내는 제복을 좋아한다?

경찰인 철호가 늦게 퇴근해 옷을 벗고 침대로 들어갔다. 아내가 갑자기 급한 목소리로 철호에게 말했다.

'여보, 미안하지만 나가서 두통약 좀 사다주지 않을래요?"

철호는 어둠 속에서 주섬주섬 옷을 찾아 입고 약국으로 갔다. 약사가 약을 주면 물었다.

"혹시 김경사님 아니십니까?"

철호는 고개를 끄덕였다. 약사가 다시 물었다.

"그런데 지금 소방관 제복을 입고 뭐하시는 겁니까?"

6개월에 1만원

세계 여러 나라의 풍물을 소개하는 TV 프로그램을 보고 잇던 남편이 말했다.

"저것 봐! 저 나라는 남편이 아내를 한번 사랑해 줄 때만다 1만원 정도를 받는데……. 당장 가보고 싶다!"

아내도 호기심 어린 눈빛을 띠더니 말했다.

"나도!"

남편이 아내에게 물었다.

"당신은 뭐 때문에 가려고?"

아내는 피식 웃더니 남편을 쳐다보고는 말했다.

"당신이 6개월에 한번 1만원 받으면 어떻게 살지 그 모습이 보고 싶어서!"

이혼의 전제조건

젊은 여자가 심각한 얼굴로 변호사 사무실을 찾았다.

여자는 변호사에게 진지하게 물었다.

"이혼하면 남편 재산의 반을 가질 수 있다는 게 정말인가요?"

변호사가 대답했다.

"정황을 살펴봐야 알겠지만 대부분 그렇습니다. 왜 이혼하려고요?"

여자가 알 듯 모를 듯한 미소를 지으며 대답했다.

"아직요."

변호사가 무슨 영문인지 모르겠다는 표정을 지으며 여자에게 물었다.

"무엇이 문제인지 물어봐도 되겠죠?"

여자가 잠시 뜸을 들인 다음 대답했다.

"결혼부터 해야 하거든요."

몇 명이야?

남자친구 형석이의 집을 찾은 영자는 형석의 침대에서 뜨거운 시간을 보냈다. 형석이가 아주 능숙하다고 생각한 영자가 물었다.

"도대체 여기에서 자고 간 여자가 몇 명이야?"

형석이는 아무 말 없이 눈을 감은 채 담배를 피우기 시작했다. 시간이 흘러도 대답할 기색이 보이지 않자 영자가 다시 물었다.

"내 말을 듣는 거야, 마는 거야?"

형석이가 영자를 가만히 쳐다보며 대답했디

"기다려 봐. 지금 세고 있잖아!"

부부싸움 후

부부인 영호와 경숙이는 심하게 싸운 후 화가 나 한 마디 나누지 않았다. 하루는 영호가 다음날 아침 일찍 회사에 나갈 일이 생겼다. 영호는 종이에 "여보, 내일 새벽 5시에 깨워 줘"라고 적어 경숙이에게 건네줬다.

다음날 아침, 영호가 눈을 뜨니 시계가 7시를 가리키고 있었다. 화가 난 영호가 벌떡 일어나는데, 종이 한 장이 바닥에 떨어져 내렸다. 그 종이에는 이렇게 적혀 있었다.

"여보, 5시예요. 일어나요."

옛날이야기

잠을 자려던 할아버지에게 할머니가 감회에 잠겨 말했다.

"당신은 신혼 때 잠자리에 들면 내 손을 잡아주곤 했죠."

할아버지는 할머니의 손을 잡고 잠을 청했다.

몇 분 지나자 다시 할머니가 말했다.

"그런 다음 키스를 해주곤 했죠."

할아버지는 할머니가 잠자는 것을 방해해 짜증이 났지만 살짝 키스를 했다.

잠을 자려는 할아버지에게 할머니가 계속 말했다.

"그 후에 내 귀를 가볍게 깨물어주곤 했죠."

갑자기 할아버지가 벌떡 일어서자 놀란 할머니가 물었다.

"당신, 어디 가요?"

할아버지는 할머니에게 화를 내며 대답했다.

"이 가지러."

번지점프와 SEX의 공통점

1. 순간의 쾌락을 추구한다.
2. 그 쾌락을 위해 돈을 지불한다.
3. 한번 해보고 싶지만 용기가 없어 못하기도 한다.
4. 잘못하면 다칠 것 같아 두렵다.
5. 한번 해본 사람은 못해본 사람들에게 자랑한다.
6. 맛들이면 자주한다.
7. 외국에 여행가면 꼭 해보는 사람들이 있다.

8. 내가 하는 것도 즐겁지만 남이 하는 것을 보는 것도 재미있다.
9. 할 수 있는 곳이 정해져 있다.
10. 하고 싶어도 돈이 없어 못하는 사람도 있다.
11. 절대로 안하는 사람들도 의외로 많다.
12. 하려고 올라갔는데 못하고 내려오면 무척 창피하다.
13. 본전 생각이 나서 한번 할 때 화끈하게 하고 싶다.
14. 고무로 만든 도구가 꼭 필요하다.

야인시대

〈제국의 아침〉이 끝나고 〈무인시대〉 1회가 방영되던 날이다. 역사 공부도 시킬 겸 중학생인 아들과 딸까지 온 가족이 같이 보기로 했다. 타이틀 자막이 나오자 중1인 딸이 제목인 '武人時代'를 보고 아버지에게 물었다.

"아빠, 저게 무슨 자야?"

중3인 아들이 아는 척하며 대답했다.

"바보, 그것도 몰라? 야인시대잖아."

아버지는 중학생이나 됐으면서도 기본적인 한자도 모르는 아이들이 한심해 핀잔조로 한 마디 했다.

"이번엔 대통령당선자가 노무현인데……. 신문에 매일 나오는 글자잖아."

그러자 어머니가 한 마디 거들었다.

"어휴, 답답해. 등장인물 수염을 보면서도 모르니? 노·인·

시 · 대!"

어느 집 가훈

포기란 배추를 셀 때난 하는 말이고,
실패란 바느질할 때나 쓰는 말이다.

쉬어 가는 페이지

문제 1. 같은 그림 찾기

아래 그림퍼즐 속에는 똑같은 모양의 그림이 한쌍 숨어 있습니다.
몇 번과 몇 번이 같은 그림일까요?

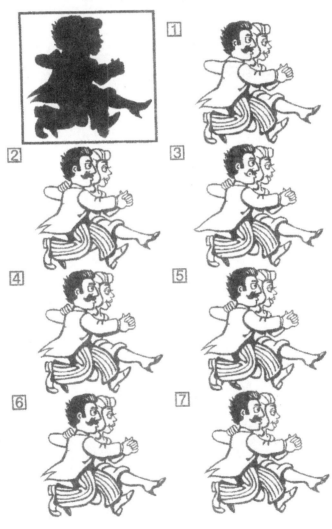

문제 2. 사진 찾기

왼쪽 위의 필름을 인화하면 어떤 사진이 될까? 7개의 그림 가운데 정답이 있다.

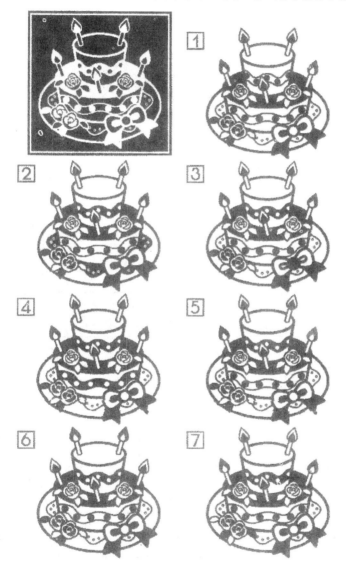

문제 3. 같은 숫자 찾기

같은 모양이 세 번씩 들어있는 숫자를 다섯 자만 찾아봅시다.

8	4	7	2	0	7	4	2	3
0	5	2	5	8	0	7	6	3
6	8	2	0	4	3	6	0	9
9	6	2	5	0	9	0	3	4
4	9	7	3	8	5	8	0	1
7	0	4	2	9	4	5	9	2
9	6	8	0	5	7	8	5	8
0	7	9	8	3	0	0	5	4
6	2	3	2	2	2	6	4	3
7	3	5	7	5	6	4	3	4

문제 4. 같은 알파벳 찾기

같은 모양이 세 번씩 들어있는 알파벳을 다섯 자만 찾아봅시다.

Q	T	C	O	K	W	G	S	P
G	V	S	B	I	R	M	h	N
S	Z	P	Y	D	x	J	U	A
D	J	G	P	S	i	H	R	I
T	O	M	x	D	T	Y	S	B
T	W	Y	R	U	Z	x	J	D
y	R	I	Q	L	y	S	I	O
K	B	F	V	G	D	M	P	i
H	M	D	S	Y	C	A	N	p
L	U	J	F	U	h	J	B	I

아래 그림퍼즐 속에는 똑같은 모양의 그림이 한쌍 숨어 있습니다.
몇 번과 몇 번이 같은 그림일까요?

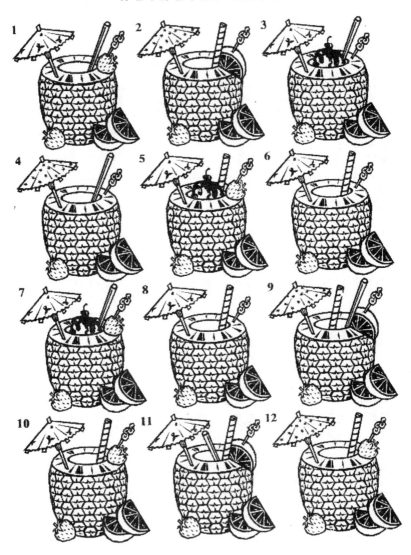

문제 6. 같은 그림 찾기 ②

아래 12개의 그림가운데 모양이 똑같은 그림이 한쌍 숨어 있습니다.
몇 번과 몇 번이 같은 그림일까요?

문제 7. 같은 그림 찾기 ③

아래 그림퍼즐 속에는 똑같은 모양의 그림이 한쌍 숨어 있습니다.
몇 번과 몇 번이 같은 그림일까요?

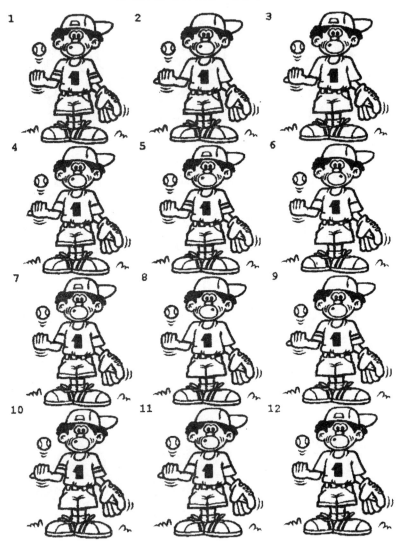

문제 8. 같은 그림 찾기 ④

아래 그림퍼즐 속에는 똑같은 모양의 그림이 한쌍 숨어 있습니다.
몇 번과 몇 번이 같은 그림일까요?

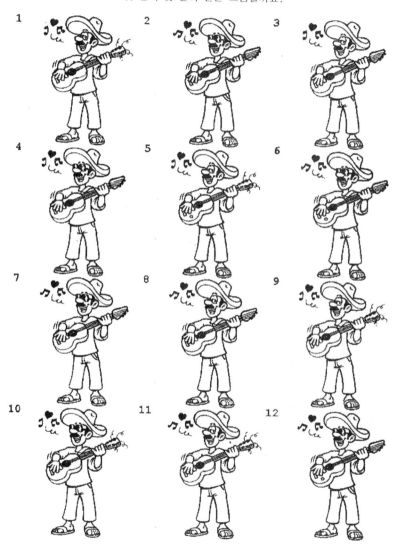

문제 9. 다른 부분 찾기 ①

두 그림에서 서로 다른 부분이 10곳 숨어 있다. 인내심을 가지고 찾아보자

문제 10. 다른 부분 찾기 ②

위 아래 그림에서 서로 다른 곳 10군데를 찾아봅시다.

문제 11. 다른 부분 찾기 ③

두 그림에는 서로 다른 부분이 10곳 숨어 있다. 인내심을 가지고 찾아보자

문제 12. 다른 부분 찾기 ④

두 그림에는 서로 다른 부분이 10곳 숨어 있다. 인내심을 가지고 찾아보자

문제 13. 그림조각 맞추기

아래 번호가 적힌 그림조각은 퍼즐 속의 한 조각을 회전시켜 놓은 것입니다.
이중 모양이 틀린 한 조각을 찾아 봅시다.

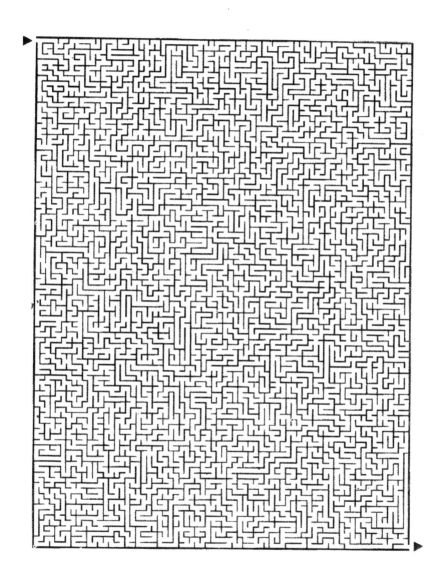

문제 15. 미로 찾기 ②

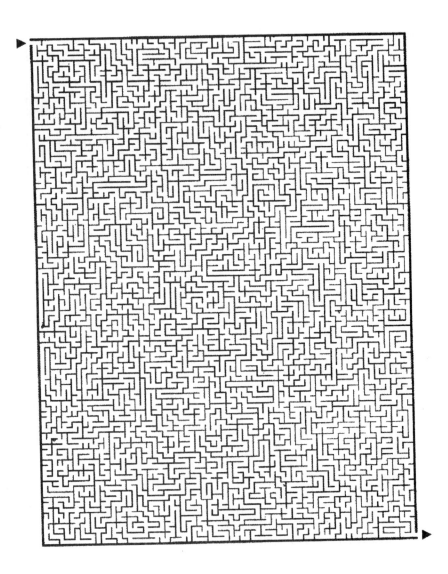

문제 16. 창고지기 퍼즐 ①

아래 퍼즐을 16개의 블록으로 나눈 뒤 각각의 방에 각기
다른 모양의 그림이 하나씩 들어가도록 만들어 보자.

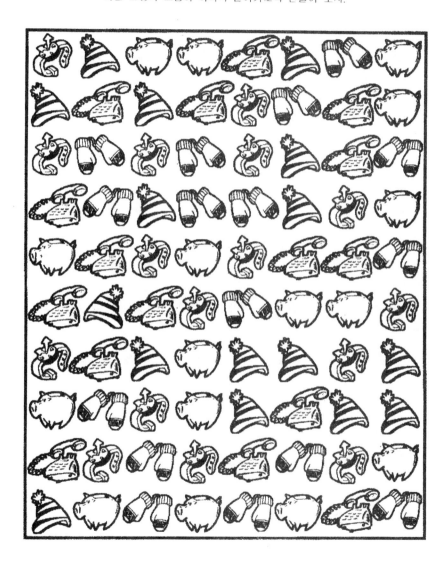

문제 17. 창고지기 퍼즐 ②

아래 퍼즐을 16개의 블록으로 나눈 뒤 각각의 방에 각기
다른 모양의 그림이 하나씩 들어가도록 만들어 보자.

1.

2.

3.

4.

5.

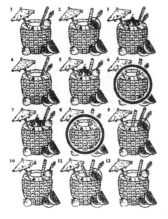

6.

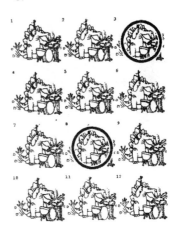

7.

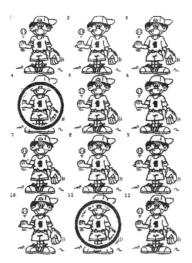

8.

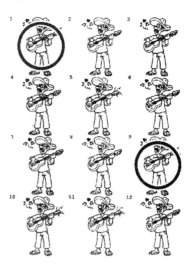

9.

10.

11.

12.

13. : 6

14.

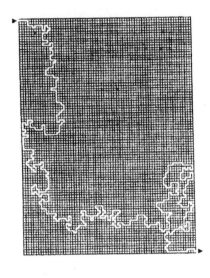

15.

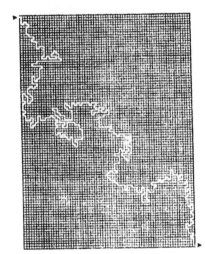

16.

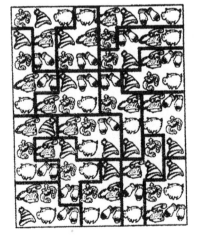

17.

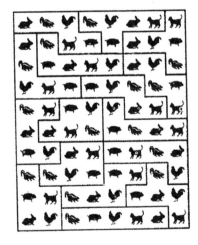

2.
미국인의 유머

배반당한 신념

세금을 낼 수 없는 처지의 사나이가, 생각다 못해 어느 상점에 강도질을 하러 들어갔다. 금고에 다가서서 보니, 푯말이 붙어 있었다.

「다이너마이트는 쓰지 말아 주십시오. 이 금고는 잠겨 있지 않습니다. 손잡이를 돌리기만 하면 됩니다.」

사나이는 그 지시대로 손잡이를 돌렸다. 순간, 머리 위로부터 모래주머니가 떨어져 내려왔다. 동시에, 온 방안이 투광기(投光器)로 대낮처럼 밝아졌다. 비상벨도 올리고.

쓰러진 사나이는 들것에 실려 나가면서, 몇 번이고 헛소리를 중얼거렸다.

"아아! 난 인간의 성선설(性善說)을 믿고 있었는데……."

차라리 피를 흘릴망정

늙은 스코틀랜드 출신의 이민이, 서부의 광야를 터벌터벌 걸어가고 있었다. 말도 안 탄 것을 보니, 술집에서 다 들어먹은 뜨내기인 것 같았다. 그의 호주머니에는, 퍽 오래된 고급 위스키가 한 병 들어 있었다.

한참을 가다가, 그는 마차 바퀴 자국에 말이 빠져 고꾸라졌다.

다시 일어나서 몇 걸음을 가다 보니, 무엇인가 다리를 타고 흘러내림을 느꼈다. 나그네는 나직이 기도를 드렸다.

'하나님, 제발 이게 피이길 바라옵니다요……'

역시 사냥꾼의 아들

서부의 시골 학교에서, 보비 소년이 선생님의 질문에 대답을 못하여 쩔쩔매고 있다.

"보비, 이런 쉬운 문제도 못 푸니? 1시간에 2마일 달리는 개는, 2시간에 몇 마일 달리시요?"

"허지만, 선생님요! 그 개가 뭘 쫓고 있는지를 말씀해 주셔야 알죠."

그 밤손님의 본직

어느 날 밤에 한 도둑놈이 닭장엘 스며 들어갔는데, 미처 훔치기도 전에 주인이 왔다. 어둠 속에서 주인이 묻는다.

"누가 안에 있느냐?"

"아무도 없어요. 우린 닭들뿐이구먼요."

이렇게 멍청한 빌이 어느 유부녀에게 눈독을 들여서 열심이라기에, 마크가 흥미를 느껴 물었다.

"여전하냐?"

"응, 간밤에도 그 집에 들어갔었지. 그런데, 갑자기 남편이 돌아왔지 뭐야."

"저런!"

"급한 김에, 난 도둑놈이요 했지."

"대답 한 번 잘했다. 그랬더니?"

"잡쳤어! 그 남편 녀석이 나도 도둑놈이다. 그러면서, 내 옷
지 홀랑 빼앗았지 뭐야. 내 원 기가 차서……."

수프 속의 파리

"이 식당에선 맛 좋은 음식 좀 먹여 주나?"

손님이 자리에 앉으면서 웨이터에서 물었다.

"물론입니다요, 사장님! 그 증거로, 우리 식당의 파리 좀 보십
시오. 저렇게 피둥피둥 살이 쪘지요."

잠시 후,

"야, 수프 속에 파리가 들어 있어!"

손님이 화를 냈다.

"거, 큼직막한 쇠파리지요?"

웨이터는 기쁜 듯이 웃으며,

"이제야 잡았다! 아, 글쎄, 아침부터 잡으려면 놈인데, 어떻게
나 재빨리 날아가는지 음식이란 음식에 모두 쉬를 슬어 놓았지
뭡니까요."

그때, 또 한 손님이 소리 질렀다.

"인마, 여기에도 파리가 들어 있어!"

"포크를 드릴까요?"

"아니, 인마! 그걸로 먹으라는 거냐?"

웨이터가 겁도 없이 시원시원한 바람에, 손님들은 기가 차서

"아니, 왜 이렇게 파리가 수프에 많이 들어 있는 거냐?"

하고 점잖게 나왔더니,

"살충제가 떨어져서요. 그래, 익사시켜 버리려 했지요."

이번엔, 셋째 손님이 악을 썼다.

"애! 여기선 파리가 헤엄을 치고 있어!"

"그렇게 덤비실 것 없어요. 조금 먹어봤자죠."

넷째 손님이 또 소리쳤다.

"야! 내 수프 속에도 파리가 죽어 있어!"

"그래, 어떡하라는 말씀인가요? 장례식이라도 치러 줘야 하나요?"

말대꾸도 이쯤 되면

그 이웃 식당에서도 비슷한 광경이 벌어졌다.

손님 A : 이것 좀 보게. 파리가 들어 있어요!

웨이터 A : 파리가 뭐 나빠? 손님, 이따위 싸구려 음식 잡수면서 뭔 군소리여? 꿀벌이라도 넣어 드려야 하나?

손님 B : 야, 여기에도 파리가 있다!

웨이터 B : 염려 마십시오! 빵에 붙어 있는 거미가 사그리 먹어 줄 테니까요.

그 다음날.

손님 A : 수프 주게. 파리 좀 들어가지 않게 주의하고. 어젠, 파리가 한 마리 들어 있었어.

웨이터 B : 오늘은 염려 없습니다요. 오늘의 스페셜 요리는 개구리 다리거든요.

손님 A : 오늘의 스페셜과 내가 먹을 수프가 무슨 상관이지?

웨이터 B : 상관이 있고말고요. 개구리를 요리할 때쯤에는 개구리가 파릴 몽땅 잡아먹을 걸요.

손님 B : 웨이터! 내 수프 속에 들어 있는 이게 뭔가?

웨이터 A : 죄송합니다만, 제게 물으셔도 대답할 말이 없구먼요. 곤충에 관해선 백지니깐요.

여자 손님 A : 어머낫! 수프 접시 속에 파리가 가라앉아 있네요! 이게 무슨 뜻이죠?

웨이터 C : 죄송합니다만, 전 점장이가 아니구먼요.

손님 C : 여봐! 내 이 비시소와즈 수프 속에도 파리가 있어!

웨이터 C : 아, 그래요. 그럼 열려서 혼 좀 내 주세요.

여자손님 B : 내 수프엔 바퀴벌레가 들어 있어요!

웨이터 C : 아, 그래요. 그 녀석에게 헤엄치는 법을 가르쳐 줄까요? 구명(救命) 재킷이라도 빌려 줘야 할까요?

누구를 위해서

열차의 흡연 차량으로 한 사나이가 뛰어 들어오며 소리쳤다.

"저쪽 간에 여자 한 분이 쓰러져 있어요! 누구 위스키 좀 없습니까?"

이럴 때는 인심이 나쁠 리 없다. 당장에 포킷용 위스키가 여섯 병이나 각출되었다.

"아, 살았다!"

사나이는 그 중의 한 병을 집어 들자마자 쭉 들이켰다.

"아니, 여보시오. 여자분이 쓰러졌다면서요?"

그러자, 이 사나이는 대답이,

"여자분이 쓰러진 현장을 목격하면, 난 몹시 기분이 나빠지거든요. 그래서요, 네……."

희한한 고등 수학

결혼 3개월 만에 아내인 나타샤가 아기를 낳게 되자, 러시아의 젊은 농부 이반은 어안이 벙벙해져서, 마을의 신부님을 찾아가서 까닭을 여쭈어 보았다. 신부는 사태를 무사히 넘기고자,

"이반, 인석아! 이런 간단한 더하기 셈도 못해서야 무엇에 쓴단 말이냐. 어디 대답해 봐라. 너희 부부는 석 달을 같이 살았것다?"

"예, 그렇고말고요."

"너희 아내가 너와 같이 산 건 몇 달이지?"

"석 달이구먼요."

"네가 너희 아내와 같이 산 것은?"

"석 달이구먼요."

"그럼, 그걸 모두 합해 보려무나."

아반은 한참 동안 열 손가락으로 셈해 보더니,

"아홉 달이구먼요."

"그래, 맞다. 아홉 달이면, 아기 낳는데 충분하다고 생각 안

되느냐?"

"생각되네요."

나쁜 소식

두 노인이 하늘나라에도 야구(野球)가 있는가로 일대 논쟁을 벌인 끝에, 먼저 간 사람이 사실을 확인해서 알려 주기로 서로 약속을 했다.

그 며칠 뒤에, 한 노인이 죽었다. 그가 곧 소식을 전해 왔다.

"여보게, 조오! 좋은 소식과 나쁜 소식이 있네요."

"저승에도 야구가 있던가?"

"그게 좋은 소식이라네. 나도 하늘나라에서 야구를 하고 있거든."

"그래, 또 한 소식은 뭔가?"

"자네가 이번 13일 금요일에 첫 등판(登板)하게 되었다는 소식이지."

제 버릇 어디 가나

판사로 근무하던 사나이가 정년퇴직을 하여 목사님이 되어, 처음으로 결혼식 주례를 서게 되었다.

"신부 메어리양은 신랑 윌리엄군을 남편으로서 인정합니까?"

"예, 인정하와요."

"그리고, 그대 윌리엄군!"

목사님은 여기서 목소리를 가다듬다가 주의가 산만해진 끝에, 그만 옛 버릇이 튀어 나왔다.

"피고인은 그에 대해서 할 말이 있는가?"

이런 허영심

한밤중에 아래층에서 들려오는 부스럭 소리로 잠이 깨인 밀리엄은, 쿨쿨 코고는 남편을 깨웠다.

"여보, 샘! 누가 들어왔어요!"

"가만 놔둬. 그냥 돌아갈 테니."

"아니, 여보! 도둑놈 이야요!"

"싯, 시끄러워!"

남편은 도리어 아내를 말린다.

"우리 집엔 훔쳐 갈 게 아무것도 없잖아. 일부러 내려가서 뻔한 사실을, 그것도 낯선 손님에게까지 인정시켜야 한단 말이야? 부끄럽지도 않아?"

날씨가 좋아야

억만장자인 노신사 윌슨씨는, 인생을 즐기고 즐기신 끝에 밤의 꽃을 한 번 즐겨 보시자고 결심했다. 그 결과, 낸시가 호화찬란하게 차려 입고 윌슨씨의 호화 저택으로 달려왔다.

"할아버지, 전 오늘밤 어떻게 해야 하죠?"

낸시는 털가죽 코트를 벗어 던지더니, 알몸에 찰싹 붙은 드레스를 자랑하며 아양을 떨었다. 윌슨씨는,

"뜨겁게 목욕이나 하자."

낸시는 뜨거운 물을 틀어 놓고, 윌슨씨와 같이 욕조에 몸에 담갔다.

"다음에는 무엇을 하죠?"

"파도를 일으켜라."

낸시는 욕조에 걸터앉아서 물장구를 쳤다.

"다음에는요?"

"천둥이다."

낸시는 손으로 욕조를 두드려 천둥소리를 냈다.

"또 뭘 하죠?"

"번개다."

낸시는 발로 물장구를 치고 한 손으로 욕조를 두드리며, 또 한 손으로는 전등 스위치를 잡고 껐다 켰다 했다. 그러면서, 낸시는 약속된 1천 달러 서비스로 생각으로 물었다.

"할아버지도 제 직업은 아시죠? 제 특기도 아시죠? 할아버지의 흥미도 그거 아니에요?"

"얘얘, 이 날씨에 말이냐?"

억만장자는 그녀를 쳐다보며 욕조 속에서 말했다.

"넌 머리가 좀 돈 거 아니냐?"

악마가 보는 흑인

뒷마당을 파던 톰이, 기묘하게 생긴 유기 항아리를 발견했다. 그것은 마신(魔神)의 항아리였다.

톰이 마신에게 소원 성취를 기원했더니, 마신은 그의 청을 세 가지만 들어 주마고 응락했다.

"마신 아저씨, 부자가 되고 싶구먼요."

순식간에, 그는 금화, 보석이 가득 찬 상자 속에 묻혔다.

"두 번째로는, 백인 되고 싶구먼요. 난 바보가 아니거든요."

순간, 그는 금발 벽안의 백인 신사가 되었다.

"셋째로, 나는 인제 다신 하루도 일하고 싶지 않구먼요."

순간, 그는 다시 흑인이 되어 멍청히 서 있었다.

아까운 건 따로 있어

폴란드로부터 이민 온 두 청년이 드라이브 여행으로 시골 들을 달리다가, 둘이 같이 용변을 보게 되었다. 농가의 변소여서 수체식(水洗式)이 아니라, 웅덩이에 첨벙하는 그런 구조였다.

수탄이 먼저 들어갔는데, 5분이 지나고 10분이 지나는데도 나오질 않는다. 이상하다 싶어,

"야, 어디 아프냐?"

하고 들여다보았더니, 수탄 녀석은 막대기로 변통 속을 휘젓고 있다. 상의를 떨어뜨렸다는 것이다.

"야, 옷 같은 거 버리고 어서 나와!"

"나도 알아, 그런 줄은."

수탄은 여전히 막대기로 휘저으며 대답했다.

"내가 찾는 건 옷이 아냐. 옷 주머니 속에 든 샌드위치라고."

[註] 미국 사회에서는 흑인에 대한 멸시 차별 못지않게 폴란드 계와 이탈리아 계 이민에 대한 멸시가 혹독한 듯하다. 유태인에 대한 편견도 어깨를 나란히 하나보다.

꿈꾸는 처녀

해부학 교수가 학생들의 평소 연구심을 알아보려고 물었다.

"수잔양, 인체 중에서 강철보다 굳어지는 것이 무엇이지요?"

수잔은 낯이 홍당무가 되어 항의 했다.

"교수님, 왜 제가 그런 질문에 대답해야 하지요?"

교수는 수잔을 흘끔거리더니,

"수잔, 그런 것도 모르다니 딱하구나. 해답은 손톱이다. 수잔 양은 이생의 대해서 매우 달콤한 기대를 걸고 있나 본데, 그래 가지곤 무지각한 꿈꾸는 처녀 소리 듣기 십상이지."

첫 인상이 그래서야

"한 잔 어떻소?"

술꾼이 이웃 자리에 앉은 사람에게 집적거리며 잔을 권했다.

"어머, 이 양반이! 전 숙녀예요."

옆 자리엔 부인이 앉아 있다가 발끈 성을 내며 쏘아 붙였다.

"어이구, 실례했습니다요!"

술꾼은 부리나케 사과했다. 그리고는,

"전 언제나 첫 인상으로 사람을 판단하는 버릇이 있어서요."

진실은 말한다

겨울날 아침, 총통 각하는 백악의 관저 집무실에서 창 밖을 내다보셨다. 놀랍게도, 흰 눈에 〈총통은 임포텐츠〉라는 오줌 글씨가 눈에 띈다. 성적 불능자라는 말이었다.

총통은 크게 노하시어 즉시 FBI를 비롯한 모든 수사 기관을 총동원해서 범인을 찾아내라고 엄명을 내리셨다.

며칠 후, 수사 책임자가 총통 집무실에 나타나서 보고했다.

"수사 결과, 그 글씨는 부총통 각하의 방광(膀胱)으로부터 방출된 오줌이라고 단정할 수 있습니다."

"부총통이 날 놀려?"

총통은 더욱 성이 났다.

"하지만, 각하! 필적을 감정한 결과, 그 글씨는 총통 각하의 영부인께서 몸소 쓰신 것으로 판명되었습니다."

"……"

[註] 미국에선 대통령도 조크의 대상이 된다. 개인의 명예에 관계되지 않은 한은.

이제 생각난다

주정뱅이 톰이 공원의 벤치에 앉아 있는데, 목사님이 지나가

시다가 그의 손을 잡고 말씀하셨다.

"당신이 회개하고 마음을 고쳐먹은 것이 얼마나 기쁜지 모르겠소. 어젯밤의 기도회에 참석하신 여러분 모두가, 당신의 회개와 금주 선언을 기뻐하셨지요."

"기도회라고요?"

톰이 무릎을 탁 치며 중얼거렸다.

"이제 생각나는군. 내가 어젯밤에 그런 델 갔었구나……"

경험자는 안다

젊은 경영자가 시무룩하게 말했다.

"결혼하자마자 아내가 처음 한 일은, 저의 여비서를 파면하는 일이었어요."

"것 참 이해할 수 없는 일이구나. 네 아내도 여비서였잖니?"

할머니가 물었다.

"그렇지요. 그러니까 파면한 거죠."

우선 사항

대학을 갓 나온 청년이 비즈니스맨이 되기 위해 백부네 회사에 들어가서 수업하게 되었다. 입사 후, 그가 물었다.

"큰아버님, 실업계에서 성공하려면 무엇부터 해야 하는지 가르쳐 주세요."

백부님은 웃지도 않고,

"우선 그 값비싼 손목시계 팔아 버리고, 그 돈으로 사발시계 하나 사거라."

근무 시간 중

"자네, 한 시간 동안이나 어디 가 있었나?"

사장이 보브에게 따졌다.

"이발소에 가서 머리 깎았네요."

"근무 시간 중인데, 이발소엘 가다니! 난 봉급을 지불하고 있잖아!"

"왜 안 되죠? 머리는 근무 시간 중에 자랐는데요."

압력에 못 이겨서

"아니, 여보! 이런 천년 묵은 골동품 테이블이 3백 달러라고? 자네, 지난주엔 2백 달러라고 했잖아!"

골동품 주인은 대답했다.

"그랬었지요만. 그 뒤로 값이 오를 수밖에 없어서요."

"까닭이 뭔가?"

"그 뒤로 노동조합이 노임과 자재비를 올리라고 압력을 가해 왔습죠."

조금 더 밑으로 내려
갔으면 조금 더 행복
하게 해줄 텐데……

불행 중 다행

못 이룰 짝사랑

수잔은 멕시코 청년 곤잘레스의 짓궂은 구혼을 받고, 어머니와 의논한 끝에 거절책을 강구했다. 도저히 할 수 없는 억지 요구를 내놓기로 한 것이다.

우선, 현금으로 1천만 달러가 있는 남자일 것. 둘째로 곰가죽처럼 넓은 가슴에 곰털같은 가슴팍 털이 있을 것. 셋째로는 그 가장 중요한 것이 30cm 길이 될 것.

곤잘레스는, 이를 수 없는 사랑이라고 체념할 수밖에 없었다. 그의 말은,

"첫째와 둘째는 어떻게 되겠지만, 셋째 조건이 문제야. 아무리 가슴이 태우며 그리워하는 여자와 할지라도, 5cm나 잘라내야 한다니, 이거야 어디……."

오아시스의 샘터

사하라 사막에 있는 어디 부족의 두 추장이, 합중국 정부의 초대를 받았다. 그들은 군용기에 태워져 사막의 오아시스로부터 워싱턴까지 곧바로 운송되어 호텔에 투숙했다.

호텔 측은 그들이 현대의 도시 문명에 어두우리라고 알아보고, 매니저가 설비의 사용법을 일일이 설명해 주었다.

"이것은 침대, 이것은 목욕탕, 이렇게 하면 물이 나옵니다."

매니저가 돌아간 뒤, 추장의 방에서 총 소리가 났다. 경비원

이 달려가 보니, 변기 옆에 한 추장이 피를 흘리고 쓰러져 있다. 살펴보니, 용변을 마친 뒤였다.

"추장이 이 추장 죽여 했어?"

하고 추장의 나라말로 물었더니, 추장이 크게 고개를 끄덕끄덕이며,

"나, 이 추장 죽여 해. 이 추장, 오아시스의 샘터에다 이거 싸했어. 이 추장, 나빠 했어! 나, 이 추장 죽여 했어!"

내 칼 찾으러

한 대의 구급차가 뉴욕 병원으로 쏜살같은 스피드로 달려 들어왔다. 경찰관이, 등에 칼을 맞은 사나이 하나가 들것으로 운반했다.

한참 있자니까 이번엔 택시 한 대가 쏜살같이 달려오더니, 사나이 하나가 뛰어 내린다.

"여보, 여보! 뭐요?"

경찰관은 또 사건이 났나 하고 그에게 따져 물었다. 그 사나이는 몹시 흥분한 채, 사나운 말투로 대꾸했다.

"난 내 칼을 찾으러 온 거요! 내 칼 내놓으시오!"

더욱 필요한 것

아직 흑인과 백인의 공학(共學)이 제도화되기 전의 미국 남부

에서, 어느 도시의 학교 시설 개선을 위해 12만 5천 달러의 예산이 책정되었다. 그 대부분은 백인 학교를 위한 것으로, 체육관이나 도서관 등의 확충비였다.

그런 어느 날, 한 흑인 학교의 흑인 교장이 교육위원회를 찾아와서 질문을 했다.

"그 예산은 모두, 백인만을 위해서 사용될 필요가 있다고 생각하십니까?"

매우 정당한 항의였으나, 백인 교육위원들은 시치미를 떼고 대답했다.

"그렇다네."

"그러시다면 저의 반대 의견 제기는 취하하지요."

"왜……?"

"이 도시에서 무엇보다도 더 필요한 건, 흑인의 교육보다도 교육받은 백인을 길러내는 일일 테니까요."

확률은 4분의 1

사형수 하나가, 국왕에게 청원서를 제출했다. 형의 집행을 1년만 연기해 주시면, 폐하의 말이 하늘을 날을 수 있게 해드리겠다고.

국왕이 생각해 보니, 지금 처형하나 1년 뒤에 처형하나 마찬가지라서 두말없이 쾌락했다. 사형수는 석방되어서 귀가했다. 이웃 사람들이 그의 출옥을 축하면서도,

"그래도 결국 1년 뒤에 처형당하긴 매한가지구먼."

하고 염려하자, 사형수는

"아냐, 반드시 그렇지도 않네. 사형이 집행될 확률(確率)은 4분의 1뿐이거든. 첫째는 1년 이내에 폐하가 서거하실 지도 모르고, 둘째는 내가 꼴깍 죽을지도 모르고, 셋째는 폐하의 말이 죽을지도 모르지."

"또 하나는 뭔가?"

"거야, 혹시 내가 그런 비술로 말을 조련해서 하늘을 날게 할 수 있을지도 모르는 가능성이지."

진(珍) 진단

스와포트씨는 태어난 아기가 왜 빨강머린지 알 수가 없어서 의사를 찾아갔다. 의사가 묻기를,

"그래, 두 분 사이는 어느 정도시지요?"

"한 예닐곱 번 정도죠."

"한 달에요?"

"아니, 한 해에요."

"알았소. 그건 녹이 슨 빛이오."

호박이 넝쿨째

행복한 가정의 가장인 하워드 크라이번씨가 코네티컷 주의 별장 지대에 볼 일이 있어서 갔을 때의 일이다. 저녁에 일을 마

치고 뉴욕으로 돌아가려고 지름길을 찾다가 그는 그만 길을 잃고 말았다. 게다가, 길이 울퉁불퉁하여 자동차의 타이어가 펑크해 버렸다.

하워드씨는 당혹했다. 그때, 호반에 반짝거리는 농장의 불빛이 눈에 띄었다. 부호들의 별장 겸한 농장이다.

하워드 씨가 문을 두드리니, 중년 부인이 맞이해 주는데 기막히게 매혹적이다. 사정을 설명하고 날이 밝기까지 같은 지붕 아래서 지내게 해주십시오. 했더니, 부인은 쾌히 승낙하여 안으로 맞아들인다.

두 사람은 기막히게 의기투합하여 화제가 잘 돌아갔고, 술잔을 같이 들었고, 더불어 희희낙락했다. 깨닫고 보니, 두 사람은 뜨겁게 포옹하고 있었다. 기사(騎士) 하워드는 자신이 지닌 최대 능력을 한껏 발휘하여 공주님에게 봉사하고 자신도 유열(愉悅)을 만끽했다.

이튿날 아침, 하워드는 부인의 후대에 깊이 감사한다면서 자기 이름은 레너드 허머이며 뉴욕의 어디에 산다고 알려 주었다.

"좀더 쉬었다 가시지 않고……."

부인은 미련기 어린 요염한 표정으로 만류했으나, 하워드는 미련을 뿌리치며 타이어를 바꾸어 끼고 작별을 고했다.

그로부터 6개월이 지나서, 하워드는 친구 레너드 허머의 전화를 받았다.

"자네였지? 자네가 코네티컷의 호반에 사는 부인에게 내 이름을 대어 주었지?"

"그렇다네. 아시다피. 내겐 처자가 있잖나. 자넨 독신이고. 그래서 골칫거리 피하려고 그랬다네. 설마, 자네에게 무슨 골칫거리 일이 생긴 건 아닐 테지?"

"천만에! 그 반대라네. 아, 글쎄, 난데없이 그 부인의 변호사라는 사람이 오늘 아침에 전화를 걸어 왔지 뭔가. 내가 그 부인의 농장과 전 재산을 상속하게 됐다는 거야."

미처 몰랐죠

"그럼, 세일즈맨이 털어 갔다는 50달러를 어디다 숨겨 두셨던 거지요?"

경찰관이 젊은 여인을 심문했다.

"스토킹 속에요."

"그때 신고 계셨었습니까?"

"아뇨, 벗었을 때 들켰죠."

"벗었을 때? 벗다니, 왜 벗으셨지요?"

"아이구, 답답이야! 그녀석이 설마 도둑놈일 줄이야, 누가 알았겠느냐고요!"

나갈 때 쉽도록

새로 감방에 들어온 죄수에게, 먼저 들어와 있는 선배 죄수가 물었다.

"몇 해 먹고 들어왔나?"

"75년 먹었구요. 선배님은 몇 해 짜리신가유?"

"40년 먹고 들어와 있다네."

"그럼, 선배님이 문 가의 침대를 차지하세유."

"왜?"

"나보다 먼저 나가실 거 아녀유?"

비교해 보면 알지

친절한 판사가, 늘 술에 취해서 체포되어 오는 크레이그를 친구인 의사에게 보냈다. 의사가 그를 진찰해 보고 충고했다.

"자네, 술 끊지 않으면 오래 못사네."

"그런 일 없겠구먼요.'

크레이그는 한참 생각에 잠겨 있더니, 고개를 설레설레 저으며 말했다.

"늙은 의사와 늙은 주정꾼들을 비교해 보면, 주정꾼이 훨씬 더 많구먼요."

무좀은 발에 걸리는 것

사랑스런 패션모델 아가씨가 진찰을 받으러 왔다. 질이 좀 이상한 느낌이라는 것이다.

"이런 증상은 처음 봅니다."

진찰을 마친 의사는 깜짝 놀라서 말했다.

"어떻게 됐죠?"

"무좀이란 보통 발에 생기는 건데, 아가씨의 경우는 질이 무좀에 걸렸어요.

"역시 그랬구나!"

아가씨는 한숨을 쉬며 긍정했다.

"전 축구 선수와 주말을 즐겼거든요."

"그럼 알겠구먼……"

의사가 쾌재를 불렀다.

"오늘 아침, 나는 발끝에 임균이 활동 중인 골키퍼 녀석을 진찰해 주었거든."

대령쯤 돼가지고

"프랑크 준위!"

대령이 꾸짖었다.

"귀관이 맨 정신으로 규칙을 잘 준수하고 근무했으면, 나처럼 대령까지도 진급할 수 있었을 거야."

프랑크 준위는 취한 눈으로 대령을 쳐다보며,

"흥! 나, 프랑크 준위는 말입니다요. 술에 취했을 땐, 언제나 장군 기분입니다요."

찬성하는 까닭

술의 해독을 설교하며 각지를 순회하는, 금주협회(禁酒協會)

의 브라운 회장이 흑인가(黑人街)에서 연설을 했다.

"여러분, 술은 가난을 불러들입니다. 이 거리에서 술을 추방합시다! 가지고 있는 모든 술을 버려, 이 거리를 정화합시다!"

그러나, 관심을 기울이는 흑인은 없었다. 단 한 사람이 열심히 경정하다가 흥분한 표정으로 외쳤다.

"옳소! 우리 모두 버려 버리자!"

"오, 친구여!'

브라운 회장은 감격에 겨워, 몇 번이고 그를 포옹하고 악수를 청하곤 했다.

"그래, 직업이 무엇이지요?"

"이 고장의 폐품 수집업입죠."

꽃향기 보존

결혼식을 눈앞에 둔 메어리와 존의 한 쌍이, 소파에서 사랑의 밀어를 나누고 있었다.

"가슴 좀 보여 주지 않을래?"

곧 남편이 될 존이 속삭였다. 메어리는 낯이 빨개지면 항의했으나, 존의 손은 어느 결에 단추를 끌러버렸다. 그리고는 애걸하다시피 호소했다.

"여기 키스 좀 할게."

"하지만, 존! 우린 곧 결혼할 몸인데, 조금만 참아 주면되잖아?"

그러나, 이미 늦었다. 존은 이어서 팬티도 벗어 보이라고 요구했다.

"조금 보기만 하면 돼. 부탁이야, 자……."

"우린 결혼 할 때까진 참기로 했잖아?"

메어리는 한사코 항거했지만 존이 막 무가내하여서, 결국은 존의 의지를 이겨 낼 수가 없었다.

"더 이상은 안 돼!'

메어리는 또 키스하겠다는 존의 요구를 완강히 거부하면서, 반시간 동안이나 옥신각신을 계속했다. 그러다가 끝내는 존의 의사가 또 관철되어, 존은 숲에다 얼굴을 묻었다.

그러나, 그는 곧 얼굴을 들고 근심스러운 듯이 속삭였다.

"결혼식 날까지 이대로 둘 생각이야?"

아무 약속도 없어요

젊고 핸섬한 상무이사님이 여비서에게,

"일요일 밤에 무슨 약속 있어요?"

"아……아뇨, 아무 약속도……."

레인양은 발그레해지며 대답했다.

"좋아요, 그럼."

핸섬한 상무님은,

"제발 부탁이니, 일요일 밤에는 일찍 자고 월요일 아침에 지각하지 않도록 해요."

자아, 똑바로 보면서 좀 배우라고요.

여자생각 : 음~키 187cm, 27세쯤, 대학은 졸업했다고, 연봉이 한 3,500만원쯤? 괜찮군.

남자생각 : 음~카슴 크고 쭉쭉빵빵, 한번 자보고 싶군.

www.펠라티오.com
이보다 확실한 홍보는 없다.

스태미너 주입

누디스트들의 집단 거주촌이 있는 해안에서였다. 엄청나게 시꺼멓게 탄 보비가 부엌으로 들어가더니, 맥주잔에다 우유를 넣고 신체의 끝부분을 잠가 넣었다.

희한한 광경을 엿본, 그의 걸 프랜드가 보비에게 중얼거렸다.

"난 전부터 남자들이 빈 탱크를 어떻게 가득 채우는지 보고 싶었는데, 바로 그렇게 하는 거구나."

그럴 리 없어

"요즘엔 로봇이라는 게 발명돼서, 공장 일을 기계가 몽땅 해준다더라. 기계 속에 두뇌가 들어 있대."

시골 사람들이 신기해하자, 한 농부가

"그런 바보 같은 소리 마! 정말 두뇌가 들어 있으면, 공장 일 같은 걸 할 리 있겠어?"

어느 박애주의자

그다지 고급이라고는 하기 어려운 음식점에 인품이 그다지 천하지 않다고는 하기 어려운 신사가 앉아 있었다.

"야, 웨이터! 이리 와 바!"

"누구에게 볼 일이오, 볼 일이!"

"이 수프에 불만이 있다! 꺼먼 보리알이 들어 있단 말이다."

"그래서 어떻다는 거요? 이 식당에선 검고 희고에 차별 안 두는데."

"차별 문제가 아니야! 이 보리알엔 다리가 나 있어. 접시 속을 헤엄쳐 다닌단 말이다."

"이봐, 웨이터! 내게 이 수프 값을 물게 하려거든, 이놈을 접시에서 꺼내 주든가, 아니면 파도를 치지 못하게 하든가 해라!"

소련 식당의 특별 서비스

소련 정부의 특별 허가를 받은 미국의 저널리스트 하나가 소련땅을 여행했다. 그가 어느 시골 도시의 초라한 식당에 들어갔을 때의 일이다. 수프라고 가져오는데 보니, 맹물이나 다름없는 데다 파리가 세 마리나 둥둥 떠 있다.

"동무, 나 좀 보시오. 파리가 세 마리나……"

저널리스트는 조심조심 항의했다.

"쉿!"

웨이터는 주위를 살피며 나직이,

"손님이 외국인이어서 특별히 서비스한 거야요. 여느 손님 귀에 들어가면 난처해요. 모두 한 마리씩이니까요."

이제는 포크 시대

그 저널리스트가 귀국해서, 이번에는 멕시코를 탐방하여 제법 고급스러운 레스토랑엘 들어갔다.

"멕시코에선, 고급 레스토랑의 웨이터들은 모두 오른쪽 세끼 손가락 손톱을 길게 기른다고 들어 왔는데, 그렇지 않나 보군."

웨이터의 손톱이 하나도 길지 않기에 이렇게 말했더니,

"거야, 한 세대 저의 일이지요, 세뇨르."

웨이터의 대답은 이렇게 나왔다.

"요새는 모두 포크를 쓰거든요, 수프 속에서 바퀴벌레를 건져 내는 데는."

불공평의 덕택

독립 전쟁을 치르고 드디어 아메리카 합중국으로서의 건국 시대로 접어든 무렵, 두 국회의원이 나란히 말을 타고 수도 워싱턴을 향해 가고 있었다. 마침 교수대 옆을 지나갈 때, 한 국회의원이 심술궂게 물었다.

"만약에 이 교수대가 공평무사하게 사용되었더라면, 오늘날 자넨 어디 있을 거라고 생각하나?"

또 하나의 국회의원도 지지 않고 대답했다.

"아마, 나 혼자 워싱턴으로 가고 있을 테지."

인디언과 백인

"아버지, 아메리칸 인디언과 백인은 어느 쪽이 잘났죠?"

공부 좋아하는 인디언 아들이 묻자,

"글쎄다. 매우 어려운 질문이지만, 이렇게 생각해 보렴. 가령, 인디언이 이 대륙의 유일한 주민이던 시절엔, 세금도 없었고 국채(國債) 같은 것도 없었다. 중앙 정부도 없었고, 징병제도 따위도 없었다. 해외 원조도 할 필요 없었고, 핵폭탄도 없었다. 그리고 일은 모두 여자들이 했다. 자, 어느 쪽이 우수하겠냐?"

진짜 나이

아내를 데리고 아프리카로 탐험 여행을 갔던 탐험가가, 식인 종토인의 손에 잡혀 죽을 뻔했다. 그러나 추장은 다행히도 식도락가(食道樂家)였다.

"마흔 살 넘은 늙은 고긴 안 먹기야."

추장은 이렇게 선언했다.

"바로 그때였다네."

탐험가는 옛일을 회상하며 술회하는 것이었다.

"난 아내가 처음으로 대중 앞에서 자신의 진짜 나이를 밝히는 현장을 목격했다네."

누가 가장 억울한가

세 사나이가 죽어서, 세인트(聖) 베드로 앞으로 끌려갔다. 먼

271

저 젠틀 리가 심문을 받았다.

"너는 어찌하여 죽어 왔는고?"

"밤에 돌아와 보니, 아내가 알몸으로 누워 있었어요. 재떨이에는 반쯤 피우다 만 엽궐련이 있고, 의자 위에는 남자 모자가 있고요. 그래서 온 집안을 뒤져서 간부(姦夫)를 잡으려고 했지만 찾지를 못했어요. 하는 수 없이 방안 공기나 갈아 넣자고 창문을 열었는데, 창 밑에 웬 사내놈이 하나가 모자도 안 쓴 채 엽궐련을 피우고 있잖아요. 틀림없이 이놈이 간부라고 확신하고는 성이 난 나머지, 방에 있던 트렁크를 집어 들고 창 밖으로 녀석의 머리 위를 향해 던졌더니, 그대로 죽었어요. 그래서 유죄로 선고되어 교수형을 받았지요."

"그럴 만하구나. 다음, 바빙턴은 또 어찌하여 죽어 왔노?"

"저는 친구를 만나려고 약속 장소엘 갔는데, 시간이 좀 늦어선지 친구가 없었어요. 그래서 친구가 오길 기다리고 서성거렸지요. 그런데, 갑자기 머리 위로 뭐가 떨어져 부딪혔다 싶더니, 그 뒤의 기억은 없습니다. 아마 그 트렁크에 짓눌려 죽었나 봐요."

"끝으로, 페어필드는 어찌하여 죽어 왔노?"

"그날, 저는 어느 유부녀의 아파트 방에 가 있었어요. 그 여자가 말하길, 남편은 그날 밤 들어오지 않는다더군요. 그래서 마음 턱 놓고 한 라운드를 끝내고 엽궐련을 피우고 있었는데, 갑자기 남편이 돌아왔어요. 몸을 피할 궁리도 못하고 질겁을 하는데, 그 여자가 어디 숨으라고 하데요. 어디로 숨느냐고 했더니, 겁에 질린 채 빈 트렁크를 가리키며 거기에라도 들어가 있으라고 했어요. 그 속에 들어가 움츠리고 있었는데, 갑자기 공

272

중으로 들어 올려진 듯하더니 곤두박질해서 떨어져 무엇과 부딪혀 버렸어요. 그래서 죽고 말았지요."

책임감 있는 사람

"우리 회사는 책임질 수 있는 사람이 필요하다네."

사장님이, 취직하러 온 청년에게 말했다.

"그 문제라면 염려 탁 놓으십시오!"

프레드는 신이 나서 대답했다.

"제가 지금까지 있어 본 회사에서는 말입니다요. 회사 일이 잘 안되면, 영락없이 그걸 제 채임으로 돌려 버렸거든요."

새로운 학설

인류의 역사상 가장 높은 발건 단계에 도달한 사회가 소련 사회라고, 러시아 사람들은 교육받고 있다. 즉, 소련 사회는 패러다이스(樂園)라는 것이다.

러시아 사람들은, 그 말을 믿어 의심치 않는다. 아니다. 더 정확히 말하면, 의심하도록 허용되어 있지 않은 것이다.

어느 러시아인 학자는 장구한 세월에 걸쳐 심혈을 기울인 연구결과, 인류의 조상인 아담과 이브도 러시아 사람이었음을 발견하고 그것을 증명했다. 그 학설인즉, 〈아담과 이브는 입을 것도 업었고 들어가 살 집도 없었다. 먹을 것이라곤 그저 사과

뿐, 그런데도, 그들은 자신들이 파라다이스에 살고 있음을 믿어 의심치를 않았다. 그야말로, 그들이 러시아 사람이었기 때문에 그랬었다고 생각할 수밖에 없다〉는 학설이었다.

남극과 북극의 추위

남극 대륙을 여행하고 돌아온 탐험가가 자랑을 늘어놓았다.
"어찌나 추운 곳인지, 촛불이 얼어붙어서 입으로 불어 끌 수가 없었지요."
그의 라이벌이라고 지칭되는 북극 탐험가가 가만있지 않았다.
"그런 일쯤, 북극에서는 아무 것도 아닙니다. 북극에서는 입을 놀릴 때 입에서 나오는 것이라곤 얼음덩이뿐이어서, 무슨 말을 하고 있는지 알려면 얼음을 프라이팬으로 녹여야 했거든요."

나쁜 건 술

판사는 피고인석에 앉아 있는 사나이를 준엄한 눈초리로 내려보고 엄숙히 타일렀다.
"술이다. 술 탓 이외의 아무 것도 아니다. 피고인의 이 비참한 현재 상황을 초래한 것도, 모두 술이 원인이다."
이 말에 피고인은 구제되었다는 듯이 한숨지으며 말했다.
"그런 말씀 들으니 참 고맙구먼요. 딴 놈들은 모두 내가 나쁘다고만 하는구먼요.'

남편의 직장

"여보, 이게 마지막 20달러에요. 돈 좀 갖다 줘야지 살죠."
아내의 말에, 도둑놈 남편이 대답했다.
"알았어, 알았다니까! 허지만, 은행문이 닫힐 때까지 좀 기다려줘."

상대는 부재

우람한 체구의 젊은이 하나가, 공원에서 열심히 싯업(두 손 짚고 엎드려 팔 굽혀 펴기) 운동을 하고 있었다. 주정꾼이 그 옆을 지나가다가, 혀 꼬부라진 소리로 시비를 걸었다.
"야! 너, 여잔 어떻허구 그러고 있는 거냐?"

우리가 군함을 탔어

두 주정꾼이 전차를 탔다. 문간에 제복을 입은 해군 장교가 서 있었는데, 취한 눈엔 그게 차장으로 보였다.
"자, 차료 두 장이요!"
"난 차장이 아니오, 해군 장교요!"
해군 장교는 성을 냈다.

"여보게, 큰일 났네!"
취객은 소스라쳐 놀란 듯이 곁의 취객에게 말했다.
"우린 전찰 타지 않고 군함을 탄 거야. 어서 내려야 해!"
"그래, 맞아! 여보, 스, 스톱!"

부끄러워서

사장님이 새로 채용한 여비서에게 엄중히,
"끝으로 한 마디 하겠는데, 프림양은 급료의 액수를 절대로 누구에게도 말해선 안 돼요."
"염려 마세요."
사장님 뜻을 모른 채, 프림양은 대답했다.
"사장님도 그러시겠지만, 저도 이런 액수는 부끄러워서 아무에게도 말 못하겠어요."

이른바 월급 도둑놈

고참 사원 그레그 크리스텐센씨가 신병으로 입원했다. 맨 먼저 문병을 간 것은 사장님이었다.
"그레그씨, 걱정할 것 없네. 회사에선 모두들, 자네가 빠진 몫도 벌충하려고 열심히 일하고 있다네. 다만 문제는……."
베이커시는 말꼬리를 흐리다가,
"다만 문제는, 지금까지 자네가 무엇을 하고 있었는지 통 알

수가 없단 말이세."

농부의 지혜

한 농부가 나귀를 몰아 밭을 갈고 있었다.
"자, 힘내라, 브루노!"
"너도 힘껏, 루디!"
"오스카, 더 힘차게!"
"자, 조금만 더, 존!"
지나가던 사람이 물었다.
"그 나귀 이름은 뭔가?"
"피트라고 하죠."
"것 참 이상하구나. 자넨 아까부터 딴 이름만 불러대던데……"
"하나도 이상할 것 없다구요."
농부는 태연히 답했다.
"이 나귄, 제 힘이라는 걸 모르는 놈이구먼요. 그래서 이 나귀의 눈을 가리고 딴 이름을 불러대지요. 그러니까, 이 놈은, 아, 저렇게 많은 나귀가 나를 도와주고 있구나 하고 안심하지요, 헤헤헤……."

복수당하는 평론가

평론가의 혹독한 비평을 받은, 어느 교향악단 지휘자가 반론을 냈다.

〈이것을 쓰고 있는 지금, 귀하의 비평문은 내 눈앞에 있습니다. 이제 곧 나는 변소에 가서, 귀하의 글이 실린 신문을 뒤로 가져가 그것으로…….〉

난 뭐고

배는 가라앉기 시작했다. 선장이 외쳤다.

"누구, 기도할 수 있는 사람 없소?"

"내가 하지요."

한 사나이가 나섰다.

"좋습니다! 그럼, 기도해 주십시오."

선장은 사나이에게 부탁하고는,

"나머지 사람은 모두 구명구(救命具)를 착용하시오! 서두르시오, 시간이 없소!"

그런 별명

판사 앞에, 세 사나이가 끌려 나왔다. 공원에서 질서를 문란케 한 혐의였다.

판사 : 무슨 짓을 했나?

A : 피너츠(땅콩)를 연못에다 던져 넣었습죠.

판사 : 그다지 유해한 범죄 같진 않구나. 그럼, 자네는?

B : 저도 그렇게 피너츠를 연못에 던져 넣었어요.

판사 : 자넨? 자네도 그랬나?

C : 천……천만에요! 제 별명이 피너츠인뎁쇼…….

동물적인 능력이라면

19세기 초엽의 미국 국회에서 지극히 외포(畏怖)의 대상이 된 독설가(毒舌家)로서, 버지니아 출신의 존 랜돌프 의원이 있었다. 그의 날카로운 설봉(舌鋒)은, 숱한 정적들에게 몇 번이고 뼈아 픈 타격을 주었다.

그런데, 이토록 혀놀림은 능란한 랜돌프였으나, 아래쪽은 영 형편없이 임포텐츠—즉, 성적 불능(性的不能)이라고 소문이 나 있었다. 그러자, 적에게 타격을 줄 수만 있다면 제 어미라도 내 던져 버리길 마다않는 의원들이, 그런 약점을 모른 체 할 리가 없었다. 어느 날, 로드아일랜드 주 출신의 트리스텀 버제스 의 원이 연설을 했다.

"존경하는 랜돌프 의원! 생각건대, 거룩하신 하나님의 의지는 온 우주의 삼라만상을 지배하고 계십니다. 마음이 비뚤어진 괴 물은 자손을 증식할 수 없게끔 된 것이 하나님의 섭리입니다. 그런 괴물들은 악의를 품는 일 이외는 임포턴트(불가능)하며, 순결함으로써 번영이라고 행복한 모둔 것을 욕되게 더럽힘으로 써 비참을 배로 늘리는 일밖에는 할 수가 없습니다. 만약에 악 마가 악마를 낳을 수 있게 된다면, 삼라만상은 복마전으로 화해

버릴지도 모릅니다. 그럼에도 불구하고 본 의원이 기뻐하는 것은, 거짓말의 아비는 절대로 거짓말쟁이들의 아비가 될 수 없기 때문입니다. 하나님과 인간의 짝은, 우주에 하나만 있으면 족한 것입니다."

이토록 신랄한 비방 앞에 모든 의원들이 숨을 죽이고 있을 때, 랜돌프 의원은 발언권을 얻어 조용히 한 마디로 응수했다.

"방금, 비제스 의원께서는 동물적 능력을 매우 자랑하셨습니다. 본 의원이 생각건대, 그 능력에 관한 한에 있어서는 노예는 버제스 의원과 동등하며, 나귀는 버제스 의원보다 한없이 뛰어났다고 할 수밖에 없는 것입니다."

어느 쪽이 승자냐

그 랜돌프 의원이, 하루는 빗속을 국회 의사당으로 가고 있었다. 워싱턴에는 큰 비가 내려 도로가 봅시 질퍽질퍽해서, 사람들은 여기저기에 널빤지를 건네어 놓고 그 위를 걷고 있었다.

랜돌프 의원이 그런 널빤지 위를 걸어가고 있는데, 저쪽에서 정적(政敵) 헨리 클레이 의원이 온다. 둘이 딱 마주쳤을 때에 어떤 사태가 벌어지나 하고, 빗속에서도 행인들의 촉각은 곤두서지 않을 수 없었다.

"자네, 나는 악당에겐 길을 양보하지 않는 사람이라네."

클레이 의원이 먼저 도전했다. 그 도전을 받은 랜돌프 의원,

"나는 그 반대라네. 언제나 악당에겐 양보하지."

하고, 그는 서슴없이 진창길로 내려섰다.

형편없는 장난감

한 번은, 랜돌프 의원이 긴 질문 연설을 했다. 오하이오 주 출신의 의원이,

"질문을 종결시키시오. 의장! 질문 종결!"

하고 야유하며 끼어들었다. 랜돌프 의원은 심통이 날 수 밖에.

"의장! 들리는 말에 의하면, 네덜란드의 영세민들은 한 줌의 나무와 가죽으로 장난감을 만든다고 합니다. 이 장난감은 엄지 손가락과 집게손가락으로 꼭 누르면 뻐꾹뻐꾹하는 새소리가 난 다는 것입니다."

엉뚱한 말을 꺼내 놓더니, 랜돌프 의원은 이 건방진 의원을 모기 때려잡듯 해버렸다.

"그런데, 그런 네덜란드 사람들만큼 연구한 바도 없이, 또 재 료도 형편없는 것을 가지고, 오하이오 주민들은 형편없는 장난 감을 만들 모양입니다. 이 장난감은, 꼭 눌러 주지 않았는데도 '질문 종결, 의장! 질문 종결, 의장!'하고 나불거리고 있는 것입 니다.

아무 일도 없어

"야, 왜 그렇게 맥이 없냐?"

하고 친구가 묻자, 바트 녀석의 대답이,

'너도 알 테지만, 전전 주에는 큰 아버지 제이크가 돌아가셔서 4만 달러가 굴러왔지. 지난주에는 사촌형이 죽어 1만 9천 달러가 들어왔고, 그런데 오늘은 벌써 금요일인데도 아무런 일도 없단 말이야.

혼돈을 만든 건.

의사와 건축가와 정치가가 열을 올리며 논쟁을 벌이고 있었다. 그들의 직업 중에서 어느 직업이 가장 오랜 옛적부터 있어 왔는가를 테마로,

"의사가 단연 최고야. 하나님은 아담의 갈비뼈로 이브를 만드셨는데, 이것이야말로 외과 수술이 신화시대로부터 존재했었다는 증거지."

의사가 주장하자, 건축가도 지지 않았다.

"건축이 더 먼저지. 하나님은 먼저 이 세계를 만드셨거든. 혼돈(混沌) 속에서 말이야."

"흠, 그래……?"

그들의 이야기를 다 듣고 난 정치가가 처음으로 입을 열었다.

"그 혼돈을 만든 게 누군데?"

그것도 봉사 활동

자동차를 훔친 죄로 잡힌 주정뱅이가 법정에 섰다. 그 역시

자기변호에 바빴다.

"난 안 훔쳤다구요! 공동묘지 앞에 차가 한 대 놓여 있길래, 난 그 임자가 죽어서 묘지에 묻힌 줄 알고, 교통 방해가 안 되게 치워 놓았을 뿐이라고요!"

더욱 분명한 유죄

피고인이 법정에 섰다.

판사 : 왜 체포되었나?

피고인 : 술에 취해서 공무 집행을 방해했다나요, 원⋯⋯.

판사 : 취하지 않았다는 건가?

피고인 : 그렇고말고요!

판사 : 그래, 뭐 할 말 있나?

피고인 : 난 억울합니다요. 무죄지요. 저는 판사님처럼 멀쩡했는걸요.

판사 : 그럼, 유죄. 다음⋯⋯!

마르크스의 수염

열렬한 반공주의자들이 운동자금을 모으는 파티를 개최했다. 한 용감한 부인이, 기부금의 액수에 따라 자신의 롱 스커트를 들추어 속을 보여 주겠다고 제안했다. 이 제안은 즉각 가결되었다.

첫 사나이는 1달러를 내놓았다. 부인은 스커트를 헤치고 예쁜
발가락을 보여주었다.

둘째 사나이는 10달러를 내고, 부인의 정강이를 눈요기했다.

셋째 사나이는 20달러를 내고, 부인의 보기 좋은 무릎을 만져
보고 만족해했다.

넷째 등장한 것은 러시아로부터 망명해 온 대부호 귀족으로,
그는 아낌없이 100달러를 내놓고 기대감으로 가슴이 부풀었다.

그러나, 그는 부인이 보여 준 것에 만족할 줄을 몰랐다. 시무
룩한 표정으로 그는 중얼거렸다.

"제길! 칼 마르크스의 수염 한 번 보느라고 100달러를 날렸
네."

첫 체험

"달링 ···."

톰이 그녀의 귀에 속삭였다.

"내가 처음이야?"

"물론, 톰이 처음이에요."

애니가 대답했다. 그리고는, 의아해 하며 물었다.

"하지만, 남자들이란 참 우습다. 왜 누구나 그런 바보 같은
질문을 하지?"

인생 최고의 즐거움

유명한 은행 강도 월리 새튼은, 왜 은행을 습격하는가 하는 물음에 이렇게 대답했다.

"등산가는 「산이 거기 있으니까」라고 했다지? 그렇다면, 난 「은행에 돈이 있으니까」라고 대답하지."

또, 그는 이렇게도 말했다고 전해지고 있다.

"세상에 즐거움도 많다지만, 밤중에 은행 안에 혼자 앉아 있을 때처럼 즐거움은 없더라……."

그럼 조심해야지

두 밤손님을 짝을 지어, 하나는 살피고 하나는 훔치고 했다. 어느 날 밤, 밖에서 살피던 놈이 밖으로 나온 녀석에게 물었다.

"얼마나 훔쳤냐?"

"조금도 못했어! 이 집은 변호사 집이야."

"뭐라고! 그래, 얼마나 털렸냐?"

네가 명의라고?

술에 취해서 진찰을 받으러 간 존에게, 의사가 밖에 나가서 취기가 가신 뒤에 들어오라고 일렀다. 존은 할 수 없이 밖으로 나갔으나, 거리를 향해 중얼중얼했다.

"흥, 저 따위가 명의(名醫)라니 우스꽝스럽지. 보라고, 저놈의 환자들! 모두 앓는 사람들뿐이 아니냔 말이다."

누가 착각한 줄 알아

술에 취해서 행패를 부리다가 수감된 사나이에게, 전부터 들어와 살고 있는 죄수가 핀잔을 주었다.

"인마, 시시하게 술 때문에 이런 델 찾아와?"

"뭐라고?"

주정뱅이가 악을 썼다.

"무슨 얼토당토않은 말이냐, 그게! 도대체, 어느 얼빠진 놈이 이런 델 술집으로 잘못 알고 들어오누…."

청산유수

"재판장 나리!"

법정에서 피고인이 자기변호를 했다.

"제가 40마일이나 스피드를 냈다니, 그런 터무니없는 말이 어디 있습니까! 전 20마일도 안냈습니다. 아니, 10마일도 내지 않았던 것이 사실입니다. 사실, 교통순경이 왔을 때는 거의 정지 상태였지요."

"그만해 두는 게 좋겠다."

재판장이 점잖게 그의 말을 가로막았다.

"그 이상 계속하다간, 피고인의 차는 500m나 뒤로 물러나게 되겠어. 벌금 25달러에 처함!"

분명한 알리바이

방화범으로 체포된 보비는 필사적으로 변명하기 바빴다.

"내가 아니라니깐요!! 난 거기 없었다니깐요! 난 테트로이드에서 자동차를 훔치고 있었거든요⋯."

친구 짓인 줄 알았더니

새로 산 집으로 이사 온 젊은 부부에게, 극장 관람권 두장이 우송되었다. 한창 인기가 있는 오페라로, 관람료가 비싸서 못가 안타깝던 참이었다.

보내 준 사람 이름이 없어, "누군지 알겠어?"라고만 타자되어 있었다.

이들 부부는 서로 친한 친구 중의 누구려니 믿으면서, 또 궁금히 여기면서 그날 공연을 보러 갔다. 구경을 마치고 돌아온 뒤에야, 그들은 관람권을 보내 준 그 친절한 친구가 누군가를 알 수 있었다.

"이젠 알았을 테지?"

다 털어 간 자리에는, 이렇게 타자된 종이가 놓여 있었다.

머리가 아플 때 보는책

2015년 11월 20일 인쇄
2015년 11월 25일 발행
2018년   1월 31일 재판 발행

엮 음 | 김 영 진
펴낸이 | 김 용 성
펴낸곳 | **지성문화사**
등 록 | 제5-14호(1976.10.21)
주 소 | 서울 동대문구 신설동 117-8 예일빌딩
전 화 | 02)2236-0654 , 2233-5554
팩 스 | 02)2236-0655 , 2236-2953

정가 12,000원